GTB
Gütersloher Taschenbücher
548

Gerburgis Feld

Geboren 1958, verheiratet, katholische Diplomtheologin und Altphilologin, Mitherausgeberin der internationalen Zeitschriftenschau für Bibelwissenschaft und Grenzgebiete, 1990 bis 1994 wissenschaftliche Mitarbeiterin im Fach Altes Testament an der Universität Gesamthochschule Paderborn, zur Zeit als Gymnasiallehrerin tätig und mit der Fertigstellung einer Promotion zum Thema »Das Buch Levitikus und seine Auslegungsgeschichte« beschäftigt.

Dagmar Henze

Geboren 1963, verheiratet, ein Kind. Studium der evangelischen Theologie in Göttingen, langjährige Sprecherin des Göttinger Frauenforschungsprojekts zur Geschichte der Theologinnen, Promotion über die liberale Theologin Carola Barth und die alte Frauenbewegung in der Zeit von 1900 bis 1933; 1993 bis 1997 wissenschaftliche Mitarbeiterin bei Luise Schottroff an der Universität Gesamthochschule Kassel, Vikariat in Hann. Münden, seit 1997 Pastorin in der Nähe von Göttingen.

Claudia Janssen

Geboren 1966, Studium der evangelischen Theologie in Kiel und Marburg; langjährige Mitarbeit am Forschungsschwerpunkt feministische Befreiungstheologie an der Universität Gesamthochschule Kassel; Dissertation zum Thema: »Elisabet und Hanna – zwei widerständige alte Frauen in neutestamentlicher Zeit«; Vikariat in der Hannoverschen Landeskirche, seit 1997 wissenschaftliche Mitarbeiterin in Kassel.

Wie wir wurden, was wir sind

Gespräche mit feministischen Theologinnen der ersten Generation

Herausgegeben von Gerburgis Feld,
Dagmar Henze und Claudia Janssen

Gütersloher Verlagshaus

Originalausgabe

Die Deutsche Bibliothek – CIP-Einheitsaufnahme

Wie wir wurden, was wir sind : Gespräche mit feministischen Theologinnen der ersten Generation / hrsg. von Gerburgis Feld … – Gütersloh : Gütersloher Verl.-Haus, 1998
(Gütersloher Taschenbücher ; 548)
ISBN 3-579-00548-0

ISBN 3-579-00548-0

Umschlaggestaltung: INIT, Bielefeld
1. R., v.l.n.r.: C. Mulack, I. Müller, M. Kassel, E. Schüssler Fiorenza, E. Moltmann-Wendel, L. Siegele-Wenschkewitz; 2. R., v.l.n.r.: L. Schottroff, H. Leistner, H. Strack; Mitte: H. Erhart; 4. R., v.l.n.r.: F. Kriechbaum, E.-R. Schmidt, D. Sölle; 5. R., v.l.n.r.: I. Riedel, H. Schüngel-Straumann, A. Schönherr, I. Raming, B. von Wartenberg-Potter, E. Gössmann
Satz: Weserdruckerei Rolf Oesselmann GmbH, Stolzenau
Druck und Bindung: Clausen & Bosse, Leck
Gedruckt auf chlorfrei gebleichtem Werkdruckpapier
Printed in Germany

Inhalt

Vorwort 7

Gerburgis Feld: *Hannelore Erhart*
»Theologie kann ich nicht abseits von dem treiben, was läuft!« 11

Gury Schneider-Ludorff: *Elisabeth Gössmann*
»Die feministische Theologie ist zu mir gekommen!« 20

Gerburgis Feld: *Maria Kassel*
»Jetzt mußte nur noch der Himmel aufreißen!« 28

Kristina Augst: *Friedel Kriechbaum*
»Erschütterbar bleiben und widerstehen!« 37

Kerstin Söderblom: *Herta Leistner*
Pionierin auf dem Weg der Emanzipation lesbischer Frauen
in den christlichen Kirchen Deutschlands 44

Claudia Janssen: *Elisabeth Moltmann-Wendel*
Theologie muß geerdet sein 52

Ulrike Sals: *Iris Müller*
Eine katholische Protestantin 60

Ilka Struck: *Christa Mulack*
»Erst physisches, dann geistiges Vagabundieren« 68

Angela Wieschemeyer: *Ida Raming*
Kämpfen für die Anerkennung der Menschenrechte der Frau
in der Kirche 75

Andrea Holler: *Ingrid Riedel*
Einen eigenen Weg finden 83

Sybille Becker: *Eva-Renate Schmidt*
»... das hat alles mit feministischer Theologie zu tun« –
Das Aufdecken von verborgenem Wissen und die Veränderung
von Strukturen als feministisch-theologische Praxis 90

Christina Bütof/Ute Werth: *Annemarie Schönherr*
Und Gott schuf den Menschen nach seinem Bild,
nach dem Bild Gottes schuf er ihn;
als Mann und als Frau schuf er sie (Gen 1, 27) 99

Dagmar Henze/Claudia Janssen: *Luise Schottroff*
Mit Lust und langem Atem 107

Ilka Struck: *Helen Schüngel-Straumann*
»Die Vereinzelung aufheben« 114

Annebelle Pithan/Ilona Nord: *Elisabeth Schüssler Fiorenza*
»Die Macht des Wortes beanspruchen –
sich als Subjekt von Theologie begreifen« 121

Angela Rascher/Gury Schneider-Ludorff: *Leonore Siegele-Wenschkewitz*
»Wir hatten das Empfinden,
am Beginn einer Tradition zu stehen« 129

Ilona Nord: *Dorothee Sölle*
»Klarheit macht nicht notwendig lieblos« 137

Regina Sommer: *Hanna Strack*
»Sie fährt stracks durchs Land« –
Feministisch-theologische Spiritualität und Engagement
für Basisfrauen 145

Gesine Kleinschmit: *Bärbel von Wartenberg-Potter*
»In gerechten Beziehungen leben« –
Feministische Theologie in weltweiter Begegnung 152

Vorwort

»Die Worte, die du webst,
sind Brücken zwischen dir und den anderen.«
(nach Khalil Gibran)

Im November 1995 traf sich erstmalig eine Gruppe von Theologinnen in Kassel, um auf Anregung einer feministischen Theologin der ersten Stunde, der Niederländerin Catharina J. M. Halkes, ein Projekt zur Welt zu bringen, das sich die Erforschung der Geschichte der feministischen Theologie im europäischen Kontext zum Ziel gesetzt hat. Die Beschäftigung mit den Lebensläufen der – von uns gerne als »grand old ladies« bezeichneten feministischen Theologinnen – bietet uns die Möglichkeit der eigenen Standortbestimmung und ist zugleich eine wichtige Orientierungshilfe auf unserem eigenen Weg durch die Institutionen Kirche und Universität. Unsere »Geschichtsschreibung« beginnt bewußt mit den Subjekten feministischen Theologietreibens, mit den Theologinnen, die durch ihren persönlichen Einsatz und ihr Engagement wesentlich zur Entstehung, Entwicklung und Ausdifferenzierung feministischer Theologie beigetragen haben, die quasi mit ihrem Namen für eine bestimmte Richtung feministischer Theologie stehen und die erreicht haben, daß feministische Theologie sich wissenschaftlich fortentwickelt und auf verschiedenen Ebenen ausbreitet. Die Sicherung dieses historischen Prozesses erscheint uns heute um so dringlicher, als die meisten der daran beteiligten Frauen ein hohes Alter erreicht haben. Einige wie z.B. die Begründerin feministisch-theologischer Religionspädagogik, Herlinde Pissarek-Hudelist, sind bereits verstorben.
Die Artikel des vorliegenden Bandes beruhen auf biographischen Interviews, wobei wir auf einen standardisierten Fragebogen verzichtet und das Gespräch in der Regel mit einer narrativen Einleitung begonnen haben, die den Befragten selbst die Möglichkeit zur Strukturierung der Gespräche geben sollte. Gespräche sind Momentaufnahmen.«Im Gespräch bleiben« – das entspricht unserem Verständnis von feministischer Theologie.
Die Befragten sind keine »Gestalten der Kirchengeschichte«, die starr auf einem Sockel stehen, sondern Frauen, die ihren eigenen Weg in Theologie und Kirche gefunden haben und damit zu Vorbildern und Lehrerinnen geworden sind. Ihre Biographien spiegeln ein Stück theologischer Zeit-

geschichte im deutschen Kontext wider. Die Frauen berichten von persönlichen Erfahrungen mit Theologie und Kirche, von politischen Ereignissen, Themen und Menschen, die ihnen wichtig geworden sind.
Vieles von ihnen Erkämpfte erscheint heute selbstverständlich, ist bereits Tradition geworden. Die vorliegenden Artikel lassen noch einmal die Begeisterung des Aufbruchs der theologischen Frauenbewegung lebendig werden, ebenso die unausweichlichen und deshalb oft schmerzhaften Auseinandersetzungen.
Das Buch vermag nur einen kleinen Ausschnitt dessen wiederzugeben, was Frauen im Interesse ihrer Selbstbestimmung im theologischen und kirchlichen Kontext geleistet haben. Die hier vorgestellten Frauen sind *unsere* Lehrerinnen, Vorbilder oder auch Freundinnen. Einige haben durch ihre wissenschaftlichen Qualitikationen und vielfältigen Veröffentlichungen einen hohen Bekanntheitsgrad im Zusammenhang wissenschaftlicher Theologie erlangt, andere durch ihr Wirken im Raum kirchlicher Aktionsfelder und an der Basis. Es sind ihr Engagement, ihr langer Atem, ihre Liebe und Leidenschaft, aber auch ihre Beharrlichkeit in oft schwierigen Situationen, die uns beeindruckten. Wir erlebten warmherzige Frauen, denen es wichtig ist, Leben und Wissenschaft miteinander zu verbinden.
»Worte sind Brücken...«. Achtzehn junge Theologinnen – Studentinnen, Wissenschaftlerinnen, Vikarinnen und Pastorinnen – waren an der Erstellung dieses Bandes beteiligt. Sie alle sprechen begeistert von der Begegnung mit der jeweils Interviewten und berichten von lebendigem Austausch und einem ganz persönlichen Erkenntnisgewinn.
Um so mehr hielten wir es für geboten, darauf zu verzichten, Vergleiche zu ziehen, Verbindungslinien herzustellen oder gar zu systematisieren und zusammenzufassen. Die Autorinnen haben in der Darstellung ihre eigene Form gewählt, die dem Charakter ihrer Begegnung einen Ausdruck verleiht. Nur wer die Frauen selbst und jede für sich zu Wort kommen läßt, vermag einen Eindruck davon zu bekommen, wie sie alle – *Hannelore Erhart, Elisabeth Gössmann, Maria Kassel, Friedel Kriechbaum, Herta Leistner, Elisabeth Moltmann-Wendel, Iris Müller, Christa Mulack, Ida Raming, Ingrid Riedel, Eva Renate Schmidt, Annemarie Schönherr, Luise Schottroff, Helen Schüngel-Straumann, Elisabeth Schüssler Fiorenza, Leonore Siegele-Wenschkewitz, Dorothee Sölle, Hanna Strack, Bärbel Wartenberg-Potter* – wurden, was sie sind.

Die Herausgabe dieses Buches verdanken wir in erster Linie den Frauen, die sich bereitwillig befragen ließen und den Interviewerinnen, die mit viel Engagement die Artikel fertiggestellt haben: *Kristina Augst, Sybille Becker, Christina Bütof, Andrea Holler, Gesine Kleinschmit, Ilona Nord, Annebelle Pithan, Angela Rascher, Ulrike Sals, Gury Schneider-Ludorff, Kerstin Söderblom, Regina Sommer, Ilka Struck, Ute Werth und Angela Wieschemeyer.*

Ein besonderer Dank gilt an dieser Stelle der Projektgruppe »Feministische Theologie im Europäischen Kontext« und Ilka Struck, die mit Geduld und hohem Arbeitseinsatz die Herausgeberinnen bei der redaktionellen Fertigstellung dieses Bandes unterstützte.

Der Evangelischen Kirche von Hessen und Nassau sowie dem Verein zur Förderung Feministischer Theologie in Forschung und Lehre e.V. danken wir für die finanzielle Hilfe bei der Durchführung unseres Projektes.

Kassel, im März 1998 *Gerburgis Feld/Dagmar Henze/Claudia Janssen*

»Theologie kann ich nicht abseits von dem treiben, was läuft!«

Hannelore Erhart

1927 geb. in Kassel; 1948-1952 Studium in Marburg, Mainz u. Göttingen, 1. Theol. Fakultätsexamen; 1955 Promotion; Gastvikariat in Göttingen; wissenschaftl. Mitarbeiterin am Göttinger Institut für Kirchenrecht; 1958 2. Theol. Examen; 1963 Habilitation; 1964 Privatdozentin; 1968 wissenschaftliche Rätin/Professorin für »Reformierte Theologie/Systematische Theologie« an der Theol. Fakultät Göttingen, Mitbegründerin und Leiterin des Göttinger Frauenforschungsprojektes zur Geschichte der Theologinnen; seit 1989 im Ruhestand; Hannelore Erhart ist verheiratet, hat zwei Töchter und lebt in der Nähe Göttingens.

Hannelore Erhart ist eine der wenigen Theologieprofessorinnen ihrer Generation. Sie ist Autorin zahlreicher Veröffentlichungen etwa zum Frauenbild der Reformatoren oder zur Frage der Theologinnen im und nach dem 2. Weltkrieg. Ihre Forschungen und ihre Lehre führen 1987 zur Gründung des Göttinger Frauenforschungsprojektes, in dem eine Gruppe von Studentinnen und Mitarbeiterinnen Hannelore Erharts unter ihrer Leitung beginnt, die Geschichte der Theologinnen systematisch aufzuarbeiten. Eine Wanderausstellung im Jahr 1990 und drei umfangreiche Aufsatzsammlungen aus den Jahren 1992 (»Querdenken«), 1994 (»Darum wagt es Schwestern«) und 1996 (»Dem Himmel so nah«) dokumentieren die erfolgreiche Arbeit dieses AutorInnenteams in den letzten zehn Jahren. Doch es ist nicht allein die Wissenschaftlerin, die mein Interesse weckte. Vielmehr lassen die Erlebnisberichte ehemaliger StudentInnen Hannelore Erharts sowie einige Äußerungen früherer Mitarbeiter und Mitarbeiterinnnen bei mir die Vorstellung entstehen, daß es da eine Theologin, eine Frau, gibt, die ich in meinem Studium und für meine Entwicklung als Theologin dringend gebraucht hätte und entsprechend vermißt habe.
Im Laufe unseres Gespräches, das wir am 22. Juli 1997 in ihrem Haus in einem Vorort Göttingens führen, bestätigt sich dieser Eindruck.

Für die Theologie geprägt

»Ach, ich bin doch nicht so wichtig.« Hannelore Erharts Bescheidenheit ist typisch für sie. Doch diese Bescheidenheit hat, wie mir bald klar wird, einen tieferen Grund: Es geht ihr grundsätzlich immer um die Sache, das Anliegen, die im Raum stehende Frage. Dahinter tritt sie als Person zurück.

Dies wird auch deutlich, als sie von ihren Beweggründen erzählt, Theologie zu studieren. Der ursprüngliche Impetus kam nicht aus einem »besonders kirchlich geprägten Elternhaus«, den Konfirmandenunterricht fand sie »gräßlich«. Der eigentliche Anstoß kam erst später durch zwei Lehrer, einen strafversetzten Pfarrer und eine Pfarrerswitwe, die in der ersten Zeit nach dem Ende des 2. Weltkrieges Schüler um sich sammelten, um mit ihnen vom Nazi-Regime verbotene deutsche Literatur sowie kirchliche Stellungnahmen wie die des Bischofs von Galen zur Frage der Euthanasie zu lesen. »Diese beiden haben uns vermittelt, was gelaufen ist – sie haben mein eigentliches Interesse geweckt, Theologie zu studieren, denn ich habe durch diese beiden Lehrer auch erfahren, wie Menschen, die von Kirche und Theologie geprägt waren, sich gewehrt haben. Mein Interesse erwachte, weil ich immer schon den sozialen Kontext brauchte. Dies hat dann auch sehr stark meine Theologie geprägt.«

Sie betritt einen Weg, der für eine Frau ihrer Generation nicht gerade üblich ist. Sie studiert – trotz der anfänglichen väterlichen Skepsis und mancher durch die Situation der Nachkriegszeit bedingter Widrigkeiten – in Marburg, Mainz und Göttingen und macht bereits als Studentin auf sich aufmerksam. Die Wahl ihrer Interessensschwerpunkte ist bezeichnend: Beeindruckt von Bultmanns form- und traditionsgeschichtlichem Ansatz will sie zur Frage der Traditionsgeschichte im Alten Testament promovieren, nicht ohne den für sie unverzichtbaren sozialen Kontext hervorzuheben: »Wer ist eigentlich der soziale Träger, die soziale Trägerschaft einer Tradition? Diese Frage war mir damals ziemlich wichtig. Von da aus kam ich auch sehr schnell zu Marx. Ich habe es ›soziale Trägerschaft‹ genannt, denn von Schicht oder Klasse hat man zu der Zeit noch nicht gesprochen.«

Doch die schwierige Stellensituation zu Beginn der 50er Jahre führt sie zunächst als wissenschaftliche Mitarbeiterin an das Institut für Evangelisches Kirchenrecht in Göttingen: »Mein Aufgabenfeld war so ein Zwischending zwischen Kirchengeschichte und Systematik. Ich mußte immer zwischen diesen beiden Fächern hin- und herspringen. Aber gerade das hat mir auch Spaß gemacht.«

Fortan gilt ihr Interesse, nachdem sie sich im Studium intensiv mit dem Alten und Neuen Testament beschäftigt hatte, dem 16. Jahrhundert, insbesondere der Reformationszeit in Genf. Doch wie Promotion und Habilitation unverkennbar zeigen, ist es nicht die »reine Historie«, die Hannelore Erhart fasziniert. »Was für mich wichtig daran war, das ist der historische Kontext einer systematischen Aussage.«

Nach-Hause-geschickt

Was sie an anderer Stelle einmal als »glückliche Umstände« bezeichnet, die sie schließlich in die Wissenschaft führten, ist durchaus mit leidvollen Erfahrungen verbunden. Neben ihrer Stelle als Mitarbeiterin von Otto Weber leistet sie in den Jahren 1955-1958 ein »Gastvikariat« in der Evangelisch-Reformierten Gemeinde Göttingen ab. Neben der üblichen, Frauen zugewiesenen Gemeindearbeit darf sie hier auch taufen und predigen. Doch mit dem Zweiten Theologischen Examen endet dieser Weg. »1958 habe ich das zweite Examen gemacht. Die Männer wurden eingeladen zur Ordination. Und wir Frauen: Pustekuchen! Es war, als hätte die Landeskirche gesagt, ›Geht nach Hause‹. Das hat sie natürlich nicht gesagt. Man hätte uns vielleicht irgendwo eine Arbeit gegeben. Aber was für eine? Oder was überhaupt?« Der Weg in die Gemeindearbeit, die ihr – wie sie mehrfach betont – sehr viel Freude gemacht hatte, ist damit für Hannelore Erhart verschlossen.
Zehn Jahre später tritt sie an der Göttinger Fakultät als wissenschaftliche Rätin und Professorin für »Reformierte Theologie« an. Der Weg dahin konfrontiert sie wiederum ganz persönlich mit der Frauen ausgrenzenden Haltung von Kirche und Theologie. »Otto Weber hatte zweimal oder sogar dreimal die Stelle beantragt. Sie ist jedesmal mit anderen besetzt worden. Mit Männern, die sich zum Teil von außerhalb beworben hatten.« Erst der Einsatz Walther Zimmerlis, Lehrstuhlinhaber für Altes Testament und Rektor der Universität, ermöglicht ihr diese Stelle, aber auch die Tatsache, daß sie noch unverheiratet ist. Im Gespräch kommen wir zu der Schlußfolgerung, daß die sogenannte Zölibatsregelung für kirchliche Mitarbeiterinnen zwar offiziell abgeschafft, aber in den Köpfen der die Fakultät dominierenden Männer offenbar noch immer wirkmächtig war.

Links und reformiert – feministisch und naiv

Zwischen dem Antritt ihrer Stelle 1968 und dem Beginn des Ruhestands 1989 veröffentlicht Hannelore Erhart nur wenig. Ein Grund ist sicherlich die Doppelbelastung durch Beruf und Familie. Doch mehr noch ist es die Tatsache, daß sie, anders als die meisten ihrer männlichen Kollegen, sich ganz auf ihre Lehrtätigkeit konzentriert und – ihrem kontextuellen Ansatz folgend – aktuelle Fragestellungen in ihre Lehre einbezieht. So stellt sie sich Ende der 60er Jahre den durch das 2. Vatikanum aufkommenden ökumenischen Fragen, den Problemen der »Dritten Welt«, Themen der Missionsarbeit oder Anti-Apartheid sowie den Anfragen aus Friedens- und Studentenbewegung. Als zu Beginn der 70er Jahre die Studienreform auch vor der Göttinger Universität nicht haltmacht, begleitet sie zusammen mit Hans-Joachim Kraus, Hans-Georg Geyer und Manfred Josuttis die sog. »Studieneingangsphase«, deren Ziel es war, »die Erfahrung der Studenten und Studentinnen einzubringen und in historisch-kirchlich-theologischem Kontext zu bearbeiten.« Doch dieser Verzicht auf den rein theologischen Überbau und das damit verbundene Engagement im Interesse der Eigenverantwortlichkeit der Studierenden und der Kooperation von Lehrenden und Lernenden bietet politischen wie theologischen Zündstoff an einer ihren akademischen und theologischen Traditionen verhafteten Fakultät. Hannelore Erhart und ihre drei männlichen Mitstreiter werden zur »Viererbande« deklariert, eine Bezeichnung, mit der die kommunistische Partei- und Staatsführung Chinas Ende der 70er Jahre eine Gruppe von vier Spitzenpolitikern zu diffamieren pflegte, die als Verfechter radikal-ideologischer Positionen galten und sich dem offiziellen Kurs der Partei widersetzten. Sie wurden später inhaftiert und zu lebenslangen Haftstrafen verurteilt. Hannelore Erhart: »Wir waren die drei Chinesen und die eine Frau.«

Auch ihre Stelle für reformierte Theologie birgt Konfliktpotential in sich – weniger durch den eigentlich lutherischen Charakter der Fakultät denn seitens der Hannoverschen Landeskirche. »Wir waren die Reformierten, vor denen man sich in acht nehmen muß.« Als die Landeskirche Anfang der 80er Jahre ihr Zugeständnis zum Ablegen von Examina an der Fakultät zurücknimmt, taucht die Frage nach der Zulassung zu Prüfungskommissionen in Hannover auf. Dabei sollte die Systematik für Reformierte ausgespart bleiben. »Denn Systematik ist ja das Fach, in dem die Konfessionsgegensätze sozusagen immer noch ausgearbeitet werden. Und da haben wir uns gewehrt.« Die Konflikte nehmen zu, auch innerhalb der Fakultät.

»Ich bin abgestempelt als links und reformiert und dann kommt noch das dazu«: Hannelore Erhart erfährt zunehmend auch die Etikettierung als »feministisch« – gleichgesetzt mit unwissenschaftlich und naiv. Als sie um Unterstützung für ein Seminar zu Fragen der Gentechnologie bittet, heißt es nur: »Das ist doch kein theologisches Thema«. Das Frauenforschungsprojekt wird organisatorisch und finanziell eher blockiert, bei Bedarf allerdings gerne als repräsentatives Aushängeschild benutzt.
Als sie erzählt, daß sie es aufgegeben habe, sich mit der Gegenseite auseinanderzusetzen, werden alte Wunden und Verletzungen spürbar. »Eine wirkliche inhaltliche Diskussion gab es nicht. Aber das ist auch nicht die Tradition unserer Fakultät. Sie ist immer in zwei Seiten gespalten gewesen, und nie hat eine Diskussion stattgefunden, z.B. über die Fakultät zur Zeit des Nationalsozialismus. 1988 habe ich aufgehört, und da hatte ich schon längst dieses Anliegen aufgegeben. Die meisten der Fakultätsmitglieder hielten es nicht für nötig, solche Konflikte aufzuarbeiten. Was soll es dann?« Mit einer Handbewegung schließt sie dieses Thema ab. Ich insistiere nicht weiter.

Theologie im Kontext

Die Vielfalt der von Hannelore Erhart aufgenommenen und aufgearbeiteten Themen ist nahezu unüberschaubar, doch eines haben sie gemeinsam: Sie werden nicht als Elemente eines über alles erhabenen theologischen Überbaus betrieben, sondern kontextuell geerdet. Bultmanns Frage nach dem »Sitz im Leben« wird konsequent und radikal auf die Auslegung systematisch-theologischer Aussagen angewandt, so daß der jeweils gegebene augenblickliche gesellschaftliche Konflikt nicht ausgespart bleibt. Darin liegt das Provokative, aber auch das Originäre und Fruchtbare ihres Ansatzes.
Die stärksten Anstöße für die Frage der Kontextualität kommen zunächst und in erster Linie aus der Beschäftigung mit der marxistischen Theorie, später mit den Arbeiten der Frankfurter Schule. Bedeutsam werden ferner die Forschungen Max Webers und in jüngerer Zeit auch die sozialwissenschaftlichen Forschungen der drei Bielefelder Soziologinnen Maria Mies, Claudia v. Werlhof und Veronika Bennholdt-Thomsen.
Kein Thema ist Hannelore Erhart zu brisant, um nicht in seiner Wechselwirkung von kirchlichen und gesellschaftlichen Gegebenheiten diskutiert zu werden: sei es, daß EKD-Handreichungen wie jene »Von der Würde

werdenden Lebens« (1981) im Kontext neuerer Gen- und Reproduktionstechnologien hinterfragt werden oder daß der NATO-Doppelbeschluß zur Diskussion um den Kontext der Friedensbewegung anregt.
Doch wo immer sich Hannelore Erhart einer Frage und ihren kontextuellen Bezügen stellt, wird zwangsläufig auch das Thema Frau zu einem gewichtigen Schwerpunkt ihres Arbeitens. An einem Beispiel wie der Genfer Reformation und dem sogenannten »Bildersturm« der Frauen weist sie exemplarisch die Beteiligung von Frauen an der reformatorischen Bewegung nach. Die Studentenbewegung wird über die gesellschaftkritischen und politischen Impulse hinaus für sie zur Frage nach der Ausgrenzung von Frauen aus dieser »Männerbewegung an und für sich«. Das Thema »Kirche und Arbeit« führt zur Beschäftigung mit »Frauenarbeit« und zur kritischen Reflexion der Stellung der Frau in Ehe und Familie im Wechselspiel gesellschaftlicher und ökonomischen Bedingungen.
Auch die mit Beginn der 80er Jahre von ihr zunehmend aufgenommene Auseinandersetzung mit spezifisch feministisch-theologischen Fragestellungen gründet auf diesem Ansatz einer kontextuellen Theologie und führt letztlich zum Aufweis der Möglichkeiten und des Nutzens eines »feministischen Materialismus«. Gemeint ist die konsequente Einordnung von Feminismus und feministischer Theologie in historische und gesellschaftliche Kontexte, die diese Theologie vor der Gefahr einer realitätsfernen und damit letztlich auch ohnmächtig geführten Diskussion bewahrt.
Hannelore Erhart wehrt sich gegen ein zu enges Verständnis von feministischer Theologie. »Positiv würde für mich die Bezeichnung feministische Theologin nur dann zutreffen, wenn ich das mit Frauenforschung kombinieren kann. Wenn ich nur feministische Theologie mache, dann wird meiner Meinung nach die Geschichte von Frauen teilweise unsichtbar gemacht.«
Als Theologin, die in Kirche und Universität mancherlei Ausgrenzungen am eigenen Leibe hat erfahren müssen, wird ihr daher die Aufarbeitung der Theologinnengeschichte zum zentralen Anliegen und Forschungsschwerpunkt. Ende der 80er Jahre initiiert sie das Frauenforschungsprojekt und veröffentlicht zahlreiche Artikel, in denen sie die Geschichte einzelner Theologinnen zur Zeit des Nationalsozialismus nachzeichnet und somit vor dem Vergessen bewahrt. Sie will »aufdecken, wie Frauen lebten und arbeiteten, sich wehrten, wie sich Frauen in der Geschichte profiliert haben, wo und unter welchen Bedingungen überhaupt Theologinnen in Kirchen eine Chance hatten und haben, im Ausland, in der Ökumene, auch in anderen Konfessionen.« Frauenforschung und feministische Theologie sind für Hannelore Erhart nicht zu trennen.

Lernen in Prozessen

Hannelore Erharts Seminare waren gut besucht, denn anders als viele ihrer Hochschulkollegen setzt sie ihren theologischen Ansatz auch in universitäres Engagement um. Sie ist bemüht, kein einziges Seminar zu wiederholen. Das entspricht nicht ihrem am Prozeß orientierten Denken und Arbeiten. »Ich konnte sehr schwer immer wieder das gleiche machen. Es waren immer wieder andere Menschen, die meine Seminare besucht haben, es ergaben sich andere Situationen, da kann man nicht etwas anbieten, was man schon vor Jahren gemacht hat.« Ein Seminar zum Thema »Religion, Psychologie und Gesellschaft« muß sie dennoch – aufgrund der TeilnehmerInnenzahl – gleich fünfmal hintereinander abhalten. Sie betont: »Es sind zwar jedesmal neue Fragen mit hineingenommen worden. Trotzdem hing es mir nachher nur noch zum Halse heraus. Denn wenn ich weiß, wie die Sache gelaufen ist, dann möchte ich wieder etwas Neues machen.« Projekt- oder handlungsorientiert, so läßt sich mit der Terminologie jüngerer didaktischer und lernpsychologischer Ansätze ihr Seminarstil beschreiben. Seminar und Arbeitsthema werden von den Teilnehmenden gemeinsam strukturiert, die Arbeit erfolgt in Arbeitsgruppen, der Umgang ist wenig formalisiert, die Planung flexibel, der Lernprozeß von den Beteiligten selbstbestimmt. »Ich habe auch einmal ein sogenanntes Nullseminar gemacht. Das erste Semester war ohne Thema, denn es galt, aus der je eigenen Fragestellung heraus gemeinsam ein Thema zu finden und dann die Literatur dazu und so weiter.« Für Lehrende wie Lernende ist die Arbeitsbelastung in solchen Seminaren sehr hoch, denn Ablauf und Ergebnis eines Projektes lassen sich nicht im voraus kalkulieren oder eindeutig steuern. Aber eines wird vermutlich immer erreicht: Prozeß und Veränderung.

Diese ihr eigene Art des Lehrens und auch ihre Persönlichkeit wirkten in der ansonsten vom Professorendünkel überschatteten Unilandschaft auf viele Studierende und Kollegen faszinierend – »wie eine Oase«, »wie eine Auszeit vom Unialltag«. Meine dahingehende Bemerkung kommentiert sie mit der für sie typischen Bescheidenheit: »Das weiß ich nicht. Es kann sein. Na ja, es hat mir Spaß gemacht.«

Parteilichkeit ist möglich

Es ist nicht Hannelore Erharts Stil, Vorgedachtes nachdenken zu lassen. Ebensowenig mag sie jungen Studierenden, die sich mit feministischer Theologie beschäftigen wollen, Ratschläge erteilen. »Ich würde immer sagen, arbeitet daran, woran ihr Spaß habt. Nur das bringt euch weiter. Und ich würde vorschlagen, im Projekt zu arbeiten, gemeinsam Themen und Fragen auszudifferenzieren.« Sie fragt sich, ob das oft beklagte mangelnde Engagement junger Studierender für feministisch-theologische Fragestellungen darauf zurückzuführen ist, »daß heute ein so starker Individualismus existiert?« Sie erkennt ihn aber nicht nur als Folge der gegenwärtigen von Examensdruck und drohender Arbeitslosigkeit belasteten Studiensituation an, sondern auch als Ausdruck eines Mangels an akademisch-theologischer Orientierung. »Also, ich bin aufgewachsen in bestimmten theologischen Schulen. Es gab noch Richtungen. Heute wird alles durch die Mangel gedreht. Und was soll jemand, der ständig gesagt bekommt, du mußt ein gutes Examen machen, sich noch um Richtungen, Schulen, Ansätze kümmern?« Hannelore Erhart weiß sehr wohl um die Notwendigkeit persönlicher Erfahrungen, um sich bestimmten Fragen zu stellen. »Das geht vielleicht nur, wenn man Ausgrenzung selbst erlebt hat. Und für die jungen Frauen muß vielleicht erst noch einmal ein Anstoß kommen, damit sie merken, daß dies für sie selbst individuell von Bedeutung ist.«
Hannelore Erhart hat sich nie gescheut, eine Theologie zu treiben, die Position bezieht. Und zwar die Position der Parteilichkeit, »mit der Absicht, Unterdrückung zu benennen, um sie aufheben zu können.« Doch wer so eindeutig Position bezieht, setzt sich Anfechtungen und Verletzungen aus. Dies und vielleicht auch ihre Bescheidenheit haben sie auf manche wissenschaftliche Anerkennung verzichten lassen, die menschliche ist ihr seit langem sicher.

Gerburgis Feld

Auswahlbibliographie

1955: Reformation und Tradition in der hessischen Kirchenordnung von 1566 (Promotion). – 1963: Studien zur Überlieferungsgeschichte der Confession de foi von 1559 (Habilitation). – 1989: Darum wird ein Mann seinem Weibe anhangen, in: B. Janetzky u.a., Aufbruch der Frauen, Münster, S. 113-135. – 1991: Theologinnen in Kirche und Gemeinde im 2. Weltkrieg, in: G.v. Norden, Ev. Kirche im 2. Weltkrieg,

S. 167-190. – 1993: »Ich habe mich niemals um eine Frau bemüht.« Das Frauenbild bei Luther und Calvin, in: R. Jost u.a., Wie Theologen Frauen sehen – Von der Macht der Bilder, Freiburg, S. 57-79. – 1994: »Darum wagt es Schwestern...« Zur Geschichte evangelischer Theologinnen in Deutschland, hg. v. Frauenforschungsprojekt, Neukirchen-Vluyn. – 1996: Dem Himmel so nah – dem Pfarramt so fern. Erste evangelische Theologinnen im geistlichen Amt, hg. v. Frauenforschungsprojekt, Neukirchen-Vluyn. – 1997: zusammen mit Dagmar Herbrecht und Ilse Härter (Hg.), Der Streit um die Frauenordination in der Bekennenden Kirche. Quellentexte zu ihrer Geschichte im Zweiten Weltkrieg, Neukirchen-Vluyn.

»Die Feministische Theologie ist zu mir gekommen!«

Elisabeth Gössmann

1928 geboren; Studium der Theologie, Philosophie und Germanistik in Münster und München;1954 Promotion zum Dr. theol., 1978 Habilitation in Philosophie. 1955 bis 1960 Dozentin, seit 1968 Professorin an der Seishin-Frauenuniversität in Tokyo. 1962/63 Einreichung der Habilitationsschrift bei der Kath.-Theol. Fakultät München, Verfahren abgebrochen. Seit 1986 Lehraufträge und Gastprofessuren in Deutschland, Österreich und der Schweiz. Seit 1990 außerplanmäßige Professur an der Philosophischen Fakultät der Universität München. Elisabeth Gössmann lebt in München und Tokyo. Sie hat zwei erwachsene Töchter.

Ein Gespräch über theologische Fakultäten, Hildegardis Abbatissa und theologiegeschichtliche Frauenforschung zwischen Deutschland und Japan

Gury Schneider-Ludorff: Frau Prof. Dr. Gössmann, ich möchte in unserem Gespräch den Schwerpunkt auf drei Themen legen. Erstens würde ich gerne einige Fragen zu Ihrer Biographie stellen, zweitens – mehr wissenschaftlich orientiert – zu Ihrem feministisch-theologischen Ansatz, und schließlich bin ich in diesem Zusammenhang neugierig auf Ihre Japan-Erfahrungen. Seit 1955 haben Sie Ihren Arbeits- und Lebensschwerpunkt nach Tokyo verlegt, wo Sie seit 1974 auf japanisch unterrichten.

Ja, ich war dort zuerst Dozentin und hatte dann eine volle Professur. Die hätte ich auch bis jetzt haben können, aber seit 1986 hatte ich Lehraufträge in der Philosophischen Fakultät in München, und 1990 haben mich die Studentinnen und Studenten dort sehr bedrängt, daß ich die Prüfungserlaubnis erhalten sollte. Daraus wurde dann eine außerplanmäßige Professur. Um diese zu bekommen, mußte ich in Japan meine Arbeit von der vollen Professur auf eine – sagen wir nicht Honorarprofessur, das ist ganz was anderes in Deutschland – Stellung als »Meiyo kyôju«, eine Ehrenprofessur, reduzieren, sonst hätte ich die Lehrerlaubnis in Bayern nicht bekommen. Aber das ist insofern ganz interessant für mich, als ich seitdem nicht mehr die College-Studentinnen unterrichten mußte, sondern mit den Lehrerinnen arbeite, die im College unterrichten. Jetzt habe ich einen Rhythmus von drei Monaten hier, drei Monaten dort. Wenn ich beispielsweise zu einem Kongreß von Japan nach Amerika gehe, ist das sehr ermüdend, während ich diesen regelmäßigen Rhythmus von Deutschland nach Japan und zurück inzwischen verinnerlicht habe.

Wenn Sie zurückdenken, welche Zeit würden Sie gerne noch einmal erleben? Was würden Sie anders machen?

Das war alles so mühevoll: zunächst »ins Wasser geworfen« zu werden und im deutschen Schulenglisch wissenschaftliche Vorlesungen in Japan zu halten, zuerst noch für ein internationales Publikum und dann Hals über Kopf, weil die ausländischen Studentinnen ausblieben, auf japanisch umzuschalten, ohne japanologische Sprachausbildung. Das war alles sehr mühsam, so daß ich zwar die Gegenwart verlängern, aber frühere Epochen nicht noch einmal durchmachen möchte.

Zu den mühsamen und schwierigen Dingen zählen Sie sicherlich auch die Tatsache, daß Ihre Habilitationsschrift damals von der theologischen Fakultät nicht angenommen wurde.

Ja. Als ich die Schrift im Winter 1962/63 eingereicht habe, herrschte noch die »Halleluja-Stimmung« vom Zweiten Vatikanum. Diese wurde dann aber durch das angstvolle Nicht-Mitziehen der Fakultät verdrängt, obwohl mein Doktorvater Michael Schmaus alles versucht hat, mich zu habilitieren. Die Doktor-Prüfung ist bereits ein Wagnis gewesen, aber dadurch, daß die Fakultät mitzog, ist sie geglückt; das war 1954. Bei der Habilitation hat sich dann sehr bald die katholische deutsche Bischofskonferenz eingeschaltet. Diese hat daraufhin die Laienhabilitation gestoppt. Männer wurden in den folgenden Jahren natürlich doch habilitiert, Frauen erst in jüngster Zeit. Ich habe siebzehn Jahre später kumulativ im Pendelverkehr München-Moskau-Tokyo und zurück die philosophische Habilitation gemacht. Sie können jetzt verstehen, daß ich keine frühere Epoche noch einmal erleben möchte.

Sie haben es einmal ironisch als eine besondere Rekordleistung bezeichnet, daß Ihre Bewerbung um eine Professur 37 mal von deutschen Universitäten abgelehnt worden ist. Wie sind Sie mit diesen Kränkungen umgegangen?

Ich begann mit den Vorbereitungen für das »Archiv für philosophie- und theologiegeschichtliche Frauenforschung«, und die alten Frauentexte haben mich sehr getröstet. Die spiegelten genau solche oder schlimmere Erfahrungen wider. Ich konnte ja wenigstens veröffentlichen, und das konnten die Frauen damals auch nicht ohne weiteres. Die Arbeit an diesen Texten von

Frauen hat mich zeitweise direkt am Leben gehalten. Großen Beistand im Leiden an der Vergeblichkeit habe ich von japanischen Frauen erhalten. Ich hatte damals eine japanische Feministin als Hausgenossin, und jedesmal, wenn eine Ablehnung meiner Bewerbung kam, hat sie mit mir zusammen geweint. Das war eine große Solidarität!

Ihre philosophischen und theologischen Forschungen sind vor allem historisch ausgerichtet, und eines Ihrer Projekte ist die Quellenedition von vergessenen Frauentraditionen und Texten. Was hat eigentlich Ihre Neugier an Frauentraditionen des Mittelalters geweckt?

Es ist natürlich klar, daß man keine theologiegeschichtliche Frauenforschung machen kann, ohne die männlichen Texte zu kennen. Ich habe mich besonders auf die Anthropologie spezialisiert, also auf das Menschenbild, bzw. Männerbild – Frauenbild; natürlich auch auf das Gottesbild. Da kommt es mir sehr zustatten, daß ich in meiner Studienzeit im Münchener »Grabmann-Institut zur Erforschung der Philosophie und Theologie des Mittelalters« noch eine richtig »gestandene« Ausbildung in Männer-Theologie bekommen habe. Bei der Vorbereitung zur Doktorarbeit in der ersten Hälfte der fünfziger Jahre und dann nochmals bei der Vorbereitung der Habilitationsschrift habe ich mich hauptsächlich mit dem zwölften und dreizehnten Jahrhundert beschäftigt. Damals wurden in der Theologie in Deutschland keine Frauentexte gelesen. Ich habe daraufhin, wenn wir im Seminar Hugo von St. Viktor oder Abaelard gelesen haben, Hildegard von Bingen dazugelesen. Für mich ganz privat, schon während der fünfziger Jahre.

Ich erzähle Ihnen mein Schlüsselerlebnis: Ich fing 1947 in Münster an zu studieren, und da wurde uns die Kirchenväterausgabe von Migne »Patrologia Latina« gezeigt. Auf dem Band 197 oben stand »Patres Latini« geschrieben und unten »Hildegardis Abbatissa«. Da hat sich etwas in mir einerseits gesträubt, und andererseits habe ich mich gefreut: Warum muß Hildegard von Bingen unter »Patres« stehen, obwohl sie eine Frau ist? Und andererseits: Wir haben sie, wir können sie lesen! Hildegard von Bingen kam in den Veranstaltungen natürlich nicht vor, aber ich habe dann immer – vorlaut wie ich war – erzählt, wenn es um männliche Theologen ihrer Zeit ging: »Die Hildegard, die sagt das und das dazu«. Niemand kam auf die Idee, einmal eine Veranstaltung daraus zu machen.

Sie haben mich korrigiert, als ich Sie fragte, wie Sie zur feministischen Theologie gekommen seien. Sie meinten, die Frage stelle sich nicht für Sie, denn Sie seien bereits vorher dagewesen. Die feministische Theologie sei zu Ihnen gekommen. Wie meinen Sie das?

Ja, das ist ein bißchen frech gesagt, aber es stimmt einfach. Als mich neulich ein Journalist fragte, ob ich mich als feministische Theologin bezeichnen würde, habe ich gesagt: Ja, unter einer Bedingung: daß man die Theologiegeschichte der Frauen dazurechnet. Denn das ist eine Gegentradition zur üblichen Männertradition, und die wird immer unterschlagen. Gewöhnlich bezeichnet man als feministische Theologie nur das, was mit Bibelexegese zu tun hat, oder das, was Gegenwartsfragen betrifft. Wenn man also diese Vorschwestern nicht verschweigt und sie dazurechnet, dann bin ich ohne Zweifel eine feministische Theologin. Das, was die Frauen damals geschrieben haben, ist für unsere Fragen heute hoch aktuell, und wenn man sie nicht einbezieht, dann ist man eine unsolide Wissenschaftlerin – meiner Meinung nach. Ich kam nach Japan, und da gab es schon in den fünfziger Jahren japanische, von Frauen geschriebene Literatur über die eigene Frauengeschichte und über die Stellung der Frau in japanischen Religionen. So kam ich auf die Idee, an einer christlichen Universität eine Vorlesung über schreibende Frauen in der Geschichte des Christentums anzubieten, und habe dort mit Hildegard von Bingen begonnen. Das war in den fünfziger Jahren. Ich gehöre also nicht zu den Leuten, die sagen, die feministische Theologie sei aus Amerika übernommen worden. In Japan hat es das Interesse an der Geschichte von Frauen bereits viele Jahre vor allem westlichen Feminismus gegeben. Das Wort »Feminismus« wurde später als Lehnwort aus dem Amerikanischen übernommen, »Frauenbewegung« auf japanisch gab es schon vorher. Die erste wirklich emanzipatorische Frauenzeitschrift hatte ein tolles Motto. Es gibt in der Shintô-Religion eine Sonnengöttin, und als Anfang des Jahrhunderts die Zeitschrift gegründet wurde, lautete das Motto: »Am Anfang war die Frau die Sonne. Jetzt ist sie nur ein schwacher Mond, der von der Kraft eines anderen lebt. Möge sie zu dem zurückkehren, was sie einst war.« Was das historische Interesse anbelangt, ist festzustellen, daß dies in Japan früher erwacht war als in Europa oder Amerika. Auch ich habe schon früh im Rahmen der theologiegeschichtlichen Frauenforschung daran gearbeitet. Deswegen habe ich gesagt, die feministische Theologie sei zu mir gekommen.

Mich interessiert, welche Frauen und welche Männer Sie als Mitstreiterinnen und Mitstreiter an Ihrer Seite erlebt haben? Oder ist Elisabeth Gössmann eine Einzelkämpferin?

Das ist jetzt schwer zu sagen, weil mein Doktorvater durchaus eine Arbeit von mir angenommen hat, in der auch Autorinnen vorkamen. Darin ging es um die Auslegungsgeschichte von Lukas 1,26 bis 1,38, also die

Verkündigung an Maria, vom Frühmittelalter bis zu den Ausläufern des Mittelalters. Ich habe jede Einzelepoche unterteilt in theologisches Schrifttum, geistliche Dichtung und Bildkunst, habe auch Kunstgeschichte dafür studiert. Die Frauen, vornehmlich die Mystikerinnen, habe ich der geistlichen Dichtung zugeordnet, weil ich noch zu wenig Mut hatte. Ich hätte damals auch schon gerne Hildegard der Theologie zugeordnet. Es war also eine ausgesprochene Vorsichtsmaßnahme. Heute würde ich jene Frauen nur als Theologinnen behandeln.
Um auf die Ausgangsfrage zurückzukommen: in diesem Anfangsstadium haben Männer zu mir gestanden, und ich würde durchaus sagen, diese Männer damals, die meine Doktorarbeit mit den weiblichen Texten akzeptiert haben, das waren Vorkämpfer. Frauen, die ähnlich wie ich dachten, habe ich in Deutschland damals noch nicht gefunden. In Japan, wie gesagt, waren es die japanischen Frauenforscherinnen und später japanische Feministinnen. In den sechziger Jahren war ich dann zum Verfassen der Habilitationsschrift zwei Jahre in Deutschland. Da wurde ich vom Haus der katholischen Frauen in Düsseldorf gebeten, auf Frauentagungen zu sprechen. Damals sind die Bücher »Die Frauen und ihr Auftrag« und »Das Bild der Frauen heute« entstanden. Diese beiden Bücher haben ziemlichen Staub aufgewirbelt, und zwar ein Frohlocken von Männern *und* Frauen – da habe ich dann auch von Männern erneut und von Frauen erstmalig Solidarität erfahren –, daß jetzt endlich mal etwas Neues kommt. Ich darf ehrlich sagen, daß ich zur Vorbereitung der beiden Bücher die gesamte von katholischer Seite verfaßte Literatur der vorangegangenen Jahre durchforstet hatte. Ich erinnere mich an einen Titel von Peter Ketter »Jesus und die Frauen« – gut gemeint, aber noch kein bißchen feministisch. Elisabeth Moltmann-Wendel kannte ich damals noch nicht, sie fing ja auch erst 1967 an. Im katholischen Bereich war ich wirklich mutterseelenallein. Daher haben meine beiden Bücher damals sowohl Ablehnung wie Akzeptanz erfahren, aber bis die »feminist theology« dann aus Amerika herüberkam, war diese Welle völlig vergessen. Ich komme immer zu früh!
Es existieren ja inzwischen in der Geschichtsforschung verschiedene Ansätze, die schlagwortartig mit den Begriffen Frauengeschichte, Frauen- und Geschlechtergeschichte und Fraueneigengeschichte bezeichnet werden können. Der klassischen Frauengeschichte wird dabei vorgeworfen, Heldinnen zu konstruieren, die kontextlos aus der Geschichte herausragen. Trifft dieser Vowurf auch Ihre Arbeiten?
Ich glaube nicht, daß ich Heldinnen konstruiere. Ich rekonstruiere den Text, den die Frauen wirklich geschrieben haben. Und das bedeutet ganz beson-

ders für Hildegard von Bingen: man darf sich nicht auf die Übersetzungen verlassen. Auch heutige Übersetzerinnen tradieren Übersetzungsfehler. Sie wissen, daß das Mittelalter patriarchalisch ist, schauen nicht genau in die lateinischen Quellen, sondern unterstellen beim Übersetzen Hildegard ein patriarchalisches Frauenbild. Da gibt es mehrere Stellen in der Berufungsvision verschiedener Werke von Hildegard, wo sie Gott zu sich sagen hört – oder, ketzerisch gesagt, Gott zu sich sagen läßt: »Laß dich nicht entmutigen von denen, die sagen, du seist nicht vertrauenswürdig um der Sünde Evas willen.« Das heißt also: Gott widerspricht der männlichen Eva-Exegese und legitimiert Hildegard zu sprechen.

Worin sehen Sie gegenwärtig Aufgaben theologiegeschichtlicher Frauenforschung?

Ich habe eine Rezeptionsgeschichte der Gestalt der Päpstin Johanna geschrieben. Die Frage, die mir stets gestellt wird, lautet: »Gab es die denn überhaupt?« Ich antworte darauf: »Ob es sie gab oder nicht gab, ist gar nicht so wichtig.« Wir können es nicht mehr rekonstruieren; zu viele Quellen sind vernichtet worden. Möglich ist, daß eine Frau – und das kam öfter vor –, um bessere Studienmöglichkeiten zu haben, als Mann verkleidet in ein Männerkloster eintrat. Dafür gibt es genug geschichtliche Zeugnisse. Daß eine solche Frau eventuell diesen Schritt geschafft hat, Papst zu werden, kann nicht hundertprozentig ausgeschlossen werden.

Bei der Arbeit an dem Buch zur Päpstin Johanna wurde mir jedoch klar, wie massiv von Seiten der männlichen Theologen stets antifeministische Gründe gegen die Möglichkeit eines Amtes der Frauen in der Kirche angeführt worden sind. Das ist ein trauriges Kapitel in unserer Theologiegeschichte. Jedesmal, wenn ich solch einen misogynen Text entdeckt habe, bin ich in Tränen ausgebrochen. Es stimmt also nicht, wenn etwa Kardinal Ratzinger behauptet, es sei die ständige Tradition der katholischen Kirche gewesen, daß Frauen keine Priester werden können. Dazu muß man sagen: Rom ignoriert weitgehend die feministisch-exegetische Literatur. Rom erkennt nur eine bestimmte Tradition an. Dabei hat es auch von seiten der Männer Gegenbewegungen gegeben. Wenn der Papst gegen die Frauenordination ausführt, die zwölf Apostel seien Männer gewesen, so finden Sie dieses Argument vom 13. bis zum 20. Jahrhundert nicht. Unter den aristotelisch beeinflußten Theologen finden Sie dagegen das Argument, daß die Frau wegen der geringeren intellektuellen Begabung und ihrer moralischen Unzuverlässigkeit zum Priesterberuf ungeeignet sei. Gegen die Frauenordination wurde natürlich auch das pseudopaulinische »mulier taceat« angeführt (1 Kor 14,34). Das genügte im Mittelalter. Jedoch gab es auch die franziskanische Theologie, die noch bei Bonaventura – ein Zeitgenosse des Thomas von Aquin – den Standpunkt vertrat, daß es zwar verboten sei, Frauen zu weihen, aber ob sie geweiht werden *können*, sei zweifelhaft. Die Franziskaner waren sich nicht sicher. Sie folgten nämlich in ihrer Anthropologie nicht Aristoteles, sondern den spätantiken Ärzten Galen und Hippokrates, und die waren der Meinung – im Gegensatz zu Aristoteles, der dem Mann die Aktivität und der Frau die Passivität zusprach –, daß der Mann aktiv, aber auch in bestimmter Hinsicht passiv, und die Frau passiv, aber in bestimmter Hinsicht auch aktiv sei. Die Franziskaner haben also eine andere antike Tradition rezipiert als Aristoteles, was sich dann auch auf deren Psychologie der Frau auswirkte – soweit man im Mittelalter von Psychologie reden kann. Aber sie haben dadurch das bessere Frauenbild. Bei der theologiegeschichtlichen Frauenforschung ist es daher auch wichtig, männliche Traditionen, die Gegentraditionen zur aristotelischen bieten, nicht zu unterschlagen.

Welche Veränderungen haben Sie in der feministischen Fragestellung an den Universitäten in Deutschland wahrgenommen?

Ich habe 1986 das erste Mal nach 30 Jahren akademischer Tätigkeit deutsche Studierende vor mir gehabt. Daher kann ich über die früheren Zeiten gar nichts sagen. In den letzten zehn Jahren muß ich leider bemerken, daß die Zahl der Teilnehmenden an meinen Seminaren kontinuierlich abnimmt. Als ich 1986 mit Lehraufträgen in der Philosophie in München anfing, kamen noch Theologinnen – übrigens auch aus der Schweiz, die nur ein oder zwei Semester in München studierten – recht häufig. Ich würde sagen, ab 1992 hat sich kein »theologisches Wesen« mehr in meinen philosophischen Seminaren zur Theologie- und Philosophiegeschichte und zur geschichtlichen Frauenforschung eingefunden. Ich frage zu Semesterbeginn immer, ob vielleicht eine Theologin oder ein Theologe anwesend ist – null!

Frau Gössmann, Sie leben ja in zwei kulturellen Kontexten. Welche Auswirkungen hat dieses Hin- und Herreisen, der Dialog mit Japanerinnen und Japanern und mit Männern und Frauen in Deutschland für Ihre feministische Forschung?

Das eine bringt das andere weiter, weil ich stets in Japan das erzähle, was ich in Deutschland an feministischen Fragestellungen und Problemen wahrgenommen habe, und in Deutschland erzähle, was in Japan Thema ist. Das greift stark ineinander. Ich bin ein kulturelles Mischwesen. Ich habe zwar kein japanisches Blut, aber ich bin keine rein Deutsche mehr. Wenn ich die ersten drei Tage hier bin, mache ich immer noch eine tiefe

Verbeugung, gebe selten den Leuten die Hand, und ich spreche mit einer höheren Stimme. Diese senkt sich dann im Laufe der Zeit, wenn ich länger in Deutschland bin.

Eine letzte Frage: Was würden Sie feministisch-theologisch arbeitenden Frauen raten?

Weitermachen, weitermachen!

Gury Schneider-Ludorff

(Geb. 1965. Studium der evangelischen Theologie (Pfarramt) und Pädagogik in Frankfurt/M., Rom und Heidelberg. Absolventin des Ergänzungsstudienganges Diakoniewissenschaft am Diakoniewissenschaftlichen Institut Heidelberg. Seit 1994 Arbeit an einer Dissertation zur Frauen und Geschlechtergeschichte im Fach Historische Theologie. Stipendiatin der Hessischen Lutherstiftung. Seit Herbst 1997 Vikarin der Evangelischen Kirche in Hessen und Nassau.)

Auswahlbibliographie

1957: Die Verkündigung an Maria im dogmatischen Verständnis des Mittelalters, München. – 1964: Die Frau und ihr Auftrag. Gestalt und Lebensformen, Freiburg i. Br./Wien. – 1968: zusammen mit Else Pelke, Die Frauenfrage in der Kirche, Donauwörth. – 1981: Die streitbaren Schwestern: Was will die Feministische Theologie?, Freiburg i.Br. – 1987: Wie könnte Frauenforschung im Rahmen der Katholischen Kirche aussehen?, München. – 1989: zusammen mit D.R.Bauer (Hg.), Maria – für alle Frauen oder über allen Frauen?, Freiburg i. Br. – 1991: (Hg.) Japan – ein Land der Frauen?, München. – Elisabeth Gössmann ist Herausgeberin der Reihe »Archiv für philosophie- und theologiegeschichtliche Frauenforschung«, München (iudicium). Darin der 5. Band – 1994: Mulier Papa. Der Skandal eines weiblichen Papstes.

»Jetzt mußte nur noch der Himmel aufreißen«

Maria Kassel

1931 geboren in Frankenthal/Pfalz; 1951 – 1957 Studium der kath. Theologie und Germanistik in Münster; 1959 Zweites Staatsexamen, danach als Lehrerin tätig; 1964 Studienrätin i.H. an der Kath.-Theol. Fakultät in Münster; seit 1970 Studienprofessorin i.H.; 1986 – 1988 Kommissarische Leiterin der »Arbeits- und Forschungsstelle Feministische Theologie«; Ausbildung in klientenzentrierter Gesprächstherapie; mehrjährige Gastprofessur für Tiefenpsychologie und christliche Theologie am C. G. Jung-Institut in Zürich, in der Fortbildung für Religionslehrer/innen und in der Erwachsenenbildung tätig.

Ich treffe Maria Kassel in Münster, dem Ort ihres akademischen Lehrens und Wirkens und zugleich meine Studienheimat. Wir verbringen einen Tag im Gespräch miteinander, und am Ende weiß ich, daß ihre Lehrveranstaltungen, die anfangs nicht zum Stundenplan für angehende DiplomtheologInnen zählten, vielleicht jene gewesen wären, die meinem Studium eine andere Dimension gegeben hätten.
Maria Kassel verbrachte den größten Teil ihrer Schulzeit in Marl im Ruhrgebiet. Während sie heute intensiv über ihre Kindheit und ihre Familie zur Zeit des Nationalsozialismus nachdenkt, hat sie ihre religiöse und kirchliche Sozialisation als davon wenig belastet erfahren.

Theologie – das war eine existentielle Entscheidung

»Ich weiß nicht, ob man das so sagen kann: Ein religiöser Typ zu sein. Aber mich haben schon in der Schule religiöse Fragen sehr interessiert. Ich hatte im Religionsunterricht bereits eine Lehrerin, Dr. Marga Werners. Sie war eine der ersten Frauen, die hier im Bistum Münster Theologie studiert hat. Und sie hat uns einen Zugang zu religiösen Themen und Inhalten vermittelt, aber ohne uns in eine bestimmte religiös-moralische Richtung zu beeinflussen. Sie hat Vertrauen geschaffen, aber eigentlich mehr durch Sachlichkeit. Das ist schon ein erstaunliches Phänomen.«

Zum Wintersemester 1951/52 nahm Maria Kassel in Münster das Studium der Germanistik und der katholischen Theologie auf. Ihre Studiensituation war vor allem geprägt von dem Umstand, als eine der wenigen »Laientheologen« und noch dazu als Frau neben Priesteramtskandidaten studiert zu haben. Inhaltlich bildete die Dogmatik »das Kernstück des Studiums«, während die aufkeimende historisch-kritische Exegese nur am Rande thematisiert wurde. Diesen »Durchbruch« erlebt sie erst in ihrer Lehramtsausbildung.

Die Entdeckung der »inneren« Distanz

Wenig berührt fühlte sie sich von der damals vermittelten Moraltheologie. Sie erwähnt sie nur rückschauend in ihrer Bedeutung für die theologische Situation ihrer Zeit und in Hinblick auf den amtskirchlichen Umgang mit diesen Fragen. »Es wurde zum ersten Mal diskutiert, daß die Kinderzeugung nicht der einzige Zweck der Ehe sein solle, sondern auch die Liebe. Wenn ich heute daran zurückdenke, dann erscheint es fast unglaublich, wie schnell diese damals so heftig geführte Diskussion von der Tagesordnung verschwand, weil sie für die Menschen irrelevant geworden ist. Und das ist das, was die Amtskirche für mich fragwürdig macht, daß sie unfähig war und auch heute immer noch ist, solche Entwicklungen möglichst in ihren Anfängen zu erkennen und sich angemessen darauf einzustellen. Ich erinnere mich an ein Lehrbuch zur Moraltheologie, in dem zu lesen war, wie der Bräutigam seine Braut küssen darf: dem Bräutigam ist der keusche Kuß auf Mund und Stirn bei seiner Braut erlaubt. Der Zungenkuß wurde als eine Sünde angeführt. Das habe ich gelernt in meiner Jugend. Es hat aber nicht sonderlich stark gewirkt. Die innere Distanz, die war schon da.«

Ihre persönliche Biographie sieht sie mehr noch als durch das Theologiestudium geprägt durch den ambivalenten Erziehungseinfluß ihrer Mutter. »Für Frauengeschichte ist vermutlich eine andere Erfahrung wichtig. Was mich da beeinflußt hat, das waren diese – wie es in der Psychologie heißt – double-bind-Botschaften meiner Mutter, die völlig aussichtslos sind. Sie hat z.B. gesagt: ›Du mußt nicht denken, daß die Ehe so toll ist.‹ Damit hat sie mir eigentlich die Ehe vermiest, aber auf der anderen Seite konnte sie den Weg, den ich gegangen bin, auch nicht akzeptieren, das paßte wiederum nicht zu ihrem Frauenbild. Ich denke mir, daß es bei mir vor allem unbewußt gewirkt hat!« Maria Kassel bekräftigt, daß sie gerne geheiratet und Kinder gehabt hätte, aber »ein Kind haben und nicht verheiratet sein,

das wäre ein Ding der Unmöglichkeit gewesen. Und eine andere Alternative gab es nicht, Heiraten oder Beruf. Beides zusammen, das gab es für mich nicht.«
Auch als Studentin der Theologie sieht sich Maria Kassel polarisierenden Identifikationsmöglichkeiten gegenüber. Eine an sie persönlich gerichtete Aussage eines Studienkollegen wirft ein Schlaglicht auf das Frauenbild der damaligen katholischen Theologie und ihrer männlichen Vertreter: »Wenn Sie Religionslehrerin werden wollen, dann muß sich ja erst noch herausstellen, ob Sie Eva oder Maria sind.«

Deklassiert als Feld-, Wald- und Wiesentheologin

Bereits 1964 wurde Maria Kassel in den Hochschuldienst berufen, als im Zeichen der Bildungsexplosion die RealschullehrerInnenausbildung an die Universitäten verlagert wurde. Das Angebot traf sie in einer persönlichen Krisensituation: »Das war erst einmal eine Befreiung. Da kam wieder eine ganz neue Perspektive. Daß ich es mir überhaupt zugetraut habe, betrachte ich heute als einigermaßen naiv. Aber ich habe auch so eine Fakultät nicht durchschaut, wie dort intrigiert wird und welche Machtspiele dort vor sich gehen.«
Das in den Anfängen unklar umschriebene Arbeitsfeld – das Fach Religionspädagogik hatte sich noch nicht etabliert und wurde innerhalb der Pastoraltheologie angesiedelt – sowie die Unsicherheit der männlichen Kollegen ihr gegenüber führen zu einer anhaltend gespannten Situation. Sie wurde – wörtlich – als »Feld-, Wald- und Wiesentheologin« abqualifiziert. Die 1970 vom Wissenschaftsministerium ausgesprochene Anerkennung als Studienprofessorin änderte nichts an dieser Situation. »Zunächst habe ich es immer darauf geschoben, daß ich keine wissenschaftlichen Qualifikationen vorzuweisen hatte, obwohl es dann Gutachten gab, die meinem Buch »Biblische Urbilder« Promotionsadäquanz bescheinigten. Das hat keinerlei Wirkung gezeigt.« Erst später erkannte sie, daß es nicht nur das Fehlen der formalen universitären Weihen, sondern ihr Frausein war, das ihr die Anerkennung versagte. Maria Kassel paßte offensichtlich nicht in die Strukturen einer von Männern dominierten katholischen Fakultät.

Die konkrete Arbeit an Bibeltexten, aber auch die eigene psychoanalytische Arbeit und ein intensives Literaturstudium brachte in den Jahren 1967 bis 1973 die Wende hin zur Anwendung tiefenpsychologischer Methoden in der Bibelauslegung. Die einst als befreiend erlebte historisch-kritische Exegese, die sie zu Beginn ihres universitären Arbeitens intensiv praktiziert hatte, hatte sich »totgelaufen«. »Ich hatte keine Zugangsmöglichkeiten mehr zur Bibel, die zu dem Status paßten, an dem ich persönlich, aber eben auch in der theologischen Entwicklung insgesamt angekommen war. Das hat sich dann geändert, als ich eine Psychoanalyse machte, in der ich Traumarbeit gelernt habe. Sehr schnell habe ich eine Ähnlichkeit der Strukturen der Traumsymbole und der religiösen Symbole entdeckt. Also müssen auch Methoden, die tiefenpsychologisch therapeutisch anwendbar sind, zum Erschließen religiöser Symbole taugen, wenn auch abgewandelt im Blick auf literarisch überlieferte Symbole.«
Mit Hilfe von C. G. Jungs Archetypenlehre fand sie einen neuen Zugang zu biblischen Texten und entwickelte ihre eigenen Methoden. Die Rückmeldung durch die Studierenden und durch die Arbeitsergebnisse bestätigten sie auf diesem Weg. Bis Mitte der 80er Jahre hatte sich ihr Ansatz so etabliert, daß sie am C. G. Jung Institut in Zürich zu Gastvorlesungen eingeladen wurde. Maria Kassel betont aber, Theologin zu sein, nicht Therapeutin. »In diesem Punkt grenze ich mich entschieden von Eugen Drewermann ab, der meiner Meinung nach eine therapeutische Theologie vertritt. Und das halte ich nicht für richtig. Wenn in der Theologie das Spezifikum die Therapie ist, dann ist sie nicht kompetent. Dann brauchen wir therapeutische Fachleute. Das ist der praktische Grund. Der sachliche Grund ist aber, daß alle Religionen weit über das hinausgehen, was wir Heilung im therapeutischen Sinn nennen. Das, was wir theologisch Heil nennen und Hoffnung auf Transzendenz, das halte ich für das Spezifikum religiöser Überlieferungen. Drewermanns ständiges Von-Angst-Befreien und Besänftigen halte ich für bedenklich. Denn wenn ich in die christliche Tradition sehe, in die Jesusüberlieferung, so beruhigt sie keineswegs, sondern fordert heraus. In gewisser Weise kann sie Angst machen, die berechtigt ist und die sein muß.«
Mit dem Stichwort »Psychologisierung von Religion« lassen sich gängige Vorbehalte gegenüber der tiefenpsychologischen Bibelauslegung umschreiben. Um einem weiteren Mißverständnis vorzubeugen, kommentiert sie folgenden Satz aus ihrem Buch »Sei, die du werden sollst«: »Gott

wandert dabei – bildlich gesprochen – aus dem Jenseits der äußeren Welt in das Jenseits der menschlichen Innenwelt«: »Wenn wir bedenken, daß sich durch die Physik ein Weltbild entwickelt hat, in dem Gott seinen Ort verliert, dann brauchen wir – psychologisch gesehen – einen neuen Ort, wo wir Gott begegnen können. In sehr alten, in vorchristlichen, Religionen hatten Träume einen enormen Stellenwert, und zwar als Offenbarungen Gottes. Früher hat Gott seinen Ort in dieser Tiefenregion gehabt. Und das wäre etwas, das es wiederzugewinnen gälte. Das Christentum hat uns von dieser psychischen Fülle, die wir Menschen eigentlich haben, abgeschnitten, weil es hieß, hier geschieht keine Offenbarung, das darf nicht sein. Und: Träume und Frauen und das Weibliche werden in gleicher Weise abgewertet und zurückgedrängt. Damit ist das ganze Phänomen aus einer großen Weltreligion und Kultur eliminiert worden. Für mich ist das eine kulturelle Verödung.«

Das Weibliche in der Religion

»Die Religionen dokumentieren, daß das psychisch Ganze uranfänglich weiblich ist, als weiblich erfahren worden ist. Es ist vom Ursprung her das umfassende Bewußtsein, das sowohl weibliches wie männliches Bewußtsein in sich enthält, so wie jede Frau weibliche und männliche Kinder hervorbringen kann. Die körperliche Symbolik ist sehr wichtig für die Religionen und auch für geistige Vorgänge. Der Satz aus der Paradiesgeschichte in der Genesis: ›Es ist nicht gut für den Menschen, allein zu sein‹, den müßten wir eigentlich übersetzen mit: ›Es ist nicht gut für den Mann, allein zu sein‹. Ich persönlich bin der Meinung, daß die Weltgeschichte das auch beweist.«
Die These, daß Religion im Uranfang als weiblich erfahren wurde, begründet Maria Kassel mit Zeugnissen z. B. aus Çatal Hüyük (Anatolien) und dem Mythos vom Gang der Göttin Inanna in die Unterwelt. Sie erkennt hier weibliche Symbole, die Teil eines psychisch unbewußten Symbolflusses sind: »Das war eine enorme Entdeckung, dieser Mythos, der mit Symbolen erzählt, die wir in der Passionsgeschichte Jesu wiederfinden. Oder umgekehrt, die Passionsgeschichte Jesu wird erzählt mit sehr alten Symbolen einer Göttinreligion. Das ist in der ganzen Theologie und Exegese immer vermieden worden zu sehen: das sind uralte Symbole, die sind energetisch, also mit psychischer Kraft aufgeladen, und wenn sie wieder wirksam werden, ist das anders als die simple Feststellung, daß das historisch so gewesen ist.«

»Jetzt mußte bloß noch der Himmel aufreißen!«

Ihre Forschungen und Arbeiten zur Anwendung tiefenpsychologischer Methoden in der Theologie betreibt sie zunächst »unabhängig vom feministischen Ansatz«. Doch der Weg dahin ist nicht aufzuhalten. »Erlebnisse habe ich genug gehabt, nur konnte ich sie nicht richtig identifizieren, dazu fehlte mir das Bewußtsein. Das habe ich durch die Tiefenpsychologie bekommen: denn die Tiefenpsychologie versucht das, was ins Unbewußte abgerutscht ist oder dort noch gar nicht entwickelt ist, hervorzuholen. Danach ist es sehr schnell gegangen. Es war sozusagen alles vorbereitet, jetzt mußte bloß noch der Himmel aufreißen. Für mich war es ziemlich hart, weil ich diese Erkenntnisse nicht einfach im Kopf gemacht habe, sie waren immer verbunden mit biographischen Erkenntnissen, mit meiner eigenen Lebensgeschichte. Schmerzhaft daran war auch die dauernde Frage, was wäre aus dir geworden, wenn du das alles früher begriffen hättest oder wenn die Situation, die heute ist, vielleicht schon in deiner Jugend gewesen wäre.«
Der Rückbezug auf ihre persönliche Entwicklung – über die tiefenpsychologische zur feministischen Perspektive ihres Theologietreibens – führte sie Mitte der 80er Jahre zu dem Versuch, diese beiden Ansätze wissenschaftlich miteinander zu verbinden: »Daß das miteinander zu verbinden ist, darauf bin ich gekommen durch die Forschungen an alten Religionen. Ich stellte fest, daß die Abwertung und Beseitigung von Träumen aus dem religiösen Kontext im Christentum und die Verdrängung der Frauen und weiblicher Symbole Hand in Hand gingen. Das ist ein Verdrängungsvorgang, den ich natürlich mit tiefenpsychologischen Methoden aufarbeiten muß, denn das Psychische ist ein Gebiet, auf das das Patriarchat am nachhaltigsten gewirkt hat. Das behaupte ich allerdings aufgrund meiner Arbeit. Und deshalb meine ich, müßte ich die Methode darauf anwenden, wenn ich die eigentliche Befreiung von Frauen und Männern in der Arbeit sehe, die sie an sich selbst leisten, um sich innerlich unabhängig zu machen. Und diesen Befreiungsprozeß kann ich auf tiefenpsychologischem Wege voranbringen.«

Erfahrung braucht Vermittlung

Da es aber in unseren patriarchal geprägten Gesellschaften noch keine Vorbilder für authentisches Frauenbewußtsein gibt, muß zunächst die eigene psychische Entwicklung im Vordergrund stehen: »Erfahrung – das ist der zentrale Begriff. Ich kann nur autonom werden, wenn ich mich selber besser kennenlerne und wenn ich mit meinen Potentialen, den vergrabenen Talenten, in Berührung komme. Wenn ich anfange alles das, was in meinem Unbewußten einmal begraben worden ist, und zum andern noch gar nicht entwickelt ist, weil ich es als Frau in dieser Gesellschaft gar nicht entwickeln konnte oder durfte, ernstzunehmen, dann kann das bedeuten, daß ich mich ausgrenzen lasse.«

Erfahrung braucht Vermittlung. Für die Religionspädagogin Maria Kassel kommt daher der Ausarbeitung einer tiefenpsychologisch – feministischen Religionspädagogik zentrale Bedeutung zu. »Ich habe gelernt, daß Menschen eine ganz große Kompetenz für sich selbst, ihre eigene Innenwelt haben. Das hat mich immer verblüfft und das gibt mir auch ein großes Vertrauen. Die Frage feministischer Religionspädagogik muß lauten: Wie kann es gelingen, Menschen nicht mehr durch äußere Lernprozesse zu beeinflussen, sondern sie zu lehren, selber zu lernen? Das ist zwar ein bekanntes Prinzip, aber ich meine ein Erfahrungslernen, das mit der inneren Welt zu tun hat, wo die Menschen ihre Kompetenzen finden. Solche Ansätze müßten kommen.«

Eine so geartete Hermeneutik und Didaktik will aber nicht nur zur Befreiung von Frauen beitragen, sondern muß auch auf die Theologie zurückwirken. »Genauso ist an den religiösen Überlieferungen und Vollzügen, also auch den aktuellen zu arbeiten. Wenn z.B. das christliche Gottesbild für Frauen akzeptabel werden soll, bzw. das ganze menschliche Geschlecht repräsentieren soll in der Gottebenbildlichkeit, dann muß es männlich – weiblich sein. Das kann ich aber nicht machen, das kann nur aus Erfahrungen hervorgehen. Gott muß sich mit uns zusammen verändern. Und: das Christentum ist nun einmal eine theistische Religion, die zum Zentrum ein personales Gottesbild hat, das die Anthropologie spiegelt. Und wenn da nur die Hälfte des Menschengeschlechtes abgebildet oder geschützt ist, dann sind wir Frauen verloren. Und das ist in den drei großen Weltreligionen so. Wir müssen bedenken, was das für eine Macht ist – diese rein androzentrische Anthropologie.«

Tiefenpsychologisch-feministische Theologie – auch eine Frage von Macht

Die Zukunft der feministischen Theologie ist für Maria Kassel eine Frage der Macht. »Ich bin dafür, daß Frauen auch Machtpositionen erobern. Die Gesellschaft ist so, daß es keinen anderen Weg gibt als Macht in Anspruch zu nehmen, äußere Macht. Zu meiner großen Überraschung stelle ich in

den letzten Jahren fest, daß etwas Provozierendes, was keine junge Frau sagen würde, weil sie noch an ihre Karriere denken muß, akzeptiert wird, wenn ich es sage. Diese Äußerungen scheinen berechtigt, wenn sie von einer Frau in meinem Alter stammen. Und ich meine, wir älteren Frauen sollten das als Potential nutzen.«
In der Frage nach der Bedeutung Jesu sieht sie einen wichtigen Schwerpunkt und ein Desiderat für die Arbeit der feministischen Theologie. »Mir ist aufgefallen, daß von Jesus als Vorbild unter jungen Leuten kaum noch gesprochen wird. Das ist für mich ein Phänomen, und es stellt sich mir auch die Frage, wie wir eigentlich in der Theologie mit Jesus umgegangen sind. Haben wir ihn eigentlich schon ernsthaft als wahren Menschen zur Kenntnis genommen? Lassen wir eigentlich zu, daß wir ihn so sehen, oder hat er – weil er vielleicht gar zu ideal ist – seinen Verkehrswert verloren? Durch meine Arbeit habe ich gemerkt, daß Jesus gelernt hat in seinem Leben, und zwar auch von Frauen. Das könnte doch auch eine Aufgabe von feministischen Theologinnen sein, von Frauen, die ja Männer durchaus anders betrachten als Männer sich selbst betrachten, Frauen, die Söhne haben, die entdecken vielleicht an diesem Jesus einmal etwas ganz anderes als die Männer. Von daher müßte es ein Thema werden.«
Jungen Studentinnen empfiehlt sie, nicht nur »dranzubleiben«, um den noch vorherrschenden theologischen Betrieb zu verändern, sondern vor allem auch auf ihre persönliche Entwicklung zu achten. »Ich kann nur wirklich etwas für andere bieten, anbieten und leisten, wenn ich immer mehr ich selber werde, mit mir immer mehr identisch werde. Es ist ein Vorurteil zu glauben, das führe in Egoismus. Diese Identitätssuche erfordert Mühe. Ich muß Abschied nehmen von vielem, was mir Sicherheit bietet. Aber junge Frauen müssen aufpassen, daß sie nicht einem Mißverständnis aufsitzen: daß sie nämlich, wenn sie glauben, emanzipiert zu sein, das schon für ihre Identität halten. Manchmal sind das dann eben nur abkopierte Männer. Das ist eine große Gefahr, daß männliche Werte und männliche Vorstellungen vom Leben und der Welt und der Geschichte übernommen werden, ohne daß es gemerkt wird.«

Gerburgis Feld

Auswahlbibliographie

1979: Prozesse archetypischer Identitätsfindung in der Bibel, in: Sozialisation – Identitätsfindung – Glaubenserfahrung, hg. von G. Stachel u.a. (SPT 18), Zürich-Einsiedeln-Köln, S. 196-202. – 1980: Biblische Urbilder. Tiefenpsychologische Auslegung nach C. G. Jung, München. (Erweiterte Ausgabe Freiburg i. Br. 1992). – 1982: Sei, der du werden sollst, München = Sei, die du werden sollst, Freiburg i. Br. 1993. – 1987: Das Auge im Bauch. Erfahrungen mit tiefenpsychischer Spiritualität, Olten/ Freiburg (5. Aufl. 1994). – 1988: (Hg.) Feministische Theologie. Perspektiven zur Orientierung, Stuttgart. – 1989: Religiöse Metamorphosen. Biographische Szenen und ihre religionspädagogische Deutung, in: Lebensweg und religiöse Erziehung. Religionspädagogik als Autobiographie, R. Lachmann u. H.F. Ruppert (Hg.) Bd.2, Weinheim , S. 145-170. – 1991: Traum, Symbol, Religion: tiefenpsychologische und feministische Analyse, Freiburg i. Br. – 1995: Image de Dieu – Identité des femmes – Église de femmes, in: Women Churches/Frauenkirchen/Église de femmes. (Jahrbuch der ESWTR Vol. 3) Kampen/Mainz, S. 30-45.

»Erschütterbar bleiben und widerstehen!«

Friedel Kriechbaum

Geboren 1935, 1962 Staatsexamen in Theologie und Latein; 1962-65 Promotion in Frankfurt; 1972 Professorin in Gießen; 1985 und 1986 Aufenthalte in Brasilien. Friedel Kriechbaum lebt in Gießen.

Nicht müde werden,
sondern dem Wunder
leise wie einem Vogel
die Hand hinhalten.
(Hilde Domin)

Im September 1997 hatte ich die Gelegenheit, mit Friedel Kriechbaum, Professorin für Systematische Theologie und Religionspädagogik in Gießen, bei ihr zu Hause über ihre Biographie und ihren Zugang zu (feministisch-) theologischen Fragestellungen zu sprechen. Mit ihrer Theologie versuche sie, Frauen (und Männer) dazu zu ermutigen, ihre Stimmen zu erheben, um das Lebenshinderliche in der christlichen Tradition zu benennen und einen eigenen Standort einzunehmen. Von dorther erklärt sich auch die Wahl des Gedichts, das Friedel Kriechbaum als Einstieg in diesen Aufsatz ausgewählt hat. »Erschütterbar bleiben und widerstehen!« – Im Verlauf unseres Gesprächs zitierte sie diesen Gedichttitel von Peter Rühmkorf, der in eine ähnliche Richtung weist. Er könne als ihr Lebensmotto verstanden werden, denn er gebe zum einen wieder, was ihr eigenes Leben ausmache, zum anderen enthalte er das, was sie auch anderen Menschen wünsche.
In diesem Aufsatz versuche ich den Gang unseres Gesprächs zu dokumentieren. Dabei lasse ich meine Gesprächspartnerin so häufig wie möglich zu Wort kommen, so daß der Blick auf Friedel Kriechbaums biographische und theologische Entwicklung aus ihrer eigenen Perspektive gewährleistet ist.
Friedel Kriechbaum wurde 1935 in Gießen geboren. Sie hat drei Geschwister und entstammt einem stark pietistisch geprägten Elternhaus, ein Umstand, der für die Wahl ihres Studienfaches mit ausschlaggebend war. Zwar war die Familie naturwissenschaftlich orientiert und man erwartete von ihr ein Mathematikstudium, ihre Neugier und ihre Interessen gingen jedoch in

eine völlig andere Richtung. Ihr religiöses Elternhaus und gerade auch ihr schlechter Religionsunterricht veranlaßten sie, in Marburg Latein und Theologie zu studieren, um Lehrerin zu werden. Während Latein ihr eher zur lästigen Pflicht gerät, ist sie von der Theologie sofort hellauf begeistert: »Theologie war für mich vom ersten Semester an ein ›Befreiungstrip‹. Ich dachte immer: ›Was man alles wissen und was man alles denken kann!‹ Das hat mich von Anfang an fasziniert.«
Ihre Begeisterung sei möglicherweise der Grund dafür gewesen, daß es nie zu inneren Konflikten mit ihren früheren Glaubensvorstellungen gekommen ist. Die Verlegung des Studienortes nach Heidelberg jedoch läßt Friedel Kriechbaum ganz andere Erfahrungen auch mit dem Theologiestudium machen: »Während meiner Heidelberger Zeit war ich oft sehr deprimiert, das Studium war auch eine Crux, weil ich dachte: ›Das schaffe ich nie.‹ Und zweitens – das kann ich nur rückblickend sagen – habe ich ein Fach studiert, in dem ich nicht vorkam. Wenn ich zum Beispiel an die Ethik- oder Dogmatikvorlesungen bei Schlink denke: Das war eine eigene Welt. Es war ganz faszinierend anzuhören: Die Welt ist aufgeteilt in hunderttausend Schubladen mit hunderttausend Unterschubladen – und ich selbst hatte keine. Ich hätte damals nicht sagen können, daß die Ursache in meinem Frausein liegt, es hat lange gedauert, bis ich das gemerkt habe. Ich denke, dies war mit ein Grund, weshalb ich im Studium auch gelitten habe.«
Gegen Ende ihres Studiums wechselt Friedel Kriechbaum nach Frankfurt, um dort zum einen endlich das unliebsame Lateinstudium zu beenden, zum anderen, um bei Karl-Gerhard Steck, einem ausgewiesenen Luther-Kenner und einem der führenden Vertreter des evangelisch-katholischen Dialogs, Systematische Theologie zu betreiben. Damit habe sie nach den eher frustrierenden Erfahrungen in Heidelberg wieder einen Ort in der Theologie gefunden. Im Anschluß an ihr Staatsexamen 1962 wird sie selbst initiativ und beginnt als Doktorandin Stecks mit der Arbeit an ihrer Dissertation zum Verhältnis Luthers zu den Schwärmern, insbesondere zu Karlstadt. Obwohl sie während ihrer Promotionszeit sehr zurückgezogen lebt, um sich ganz der Arbeit widmen zu können, und sich selbst finanzieren muß, resümiert sie: »Es war wunderbar, weil ich die Grundtopoi der Systematischen Theologie, die Rechtfertigungslehre etwa, habe durchbuchstabieren können. Es hat mir damals großen Spaß gemacht, diese Dinge aus den Texten herauszulösen und verständlich zu machen.«
1965 erhält Friedel Kriechbaum eine Assistentinnenstelle in Gießen und erlebt die Studierendenproteste von 1968 hautnah mit. Im Zuge dessen muß sie sich mit den Vertreterinnen und Vertretern des SDS auseinandersetzen.

Sie habe, so erzählt sie, von diesen Erfahrungen ungemein profitiert, denn damals sei es um die Veränderung universitärer Strukturen gegangen, während ihr die eigenen zum Teil frustrierenden Erfahrungen mit dem Studium noch frisch in Erinnerung gewesen seien. Allerdings sei sie in diesem Zusammenhang verschiedentlich mit ihrer Rolle in Konflikt geraten, habe sie doch nun auf der Seite der Lehrenden, nicht mehr auf der der Studentinnen und Studenten gestanden. Ausgelöst durch diese Erfahrungen, wendet sich Friedel Kriechbaum der Hochschuldidaktik zu und beginnt, sich mit der TZI (themenzentrierten Interaktion) auseinanderzusetzen. Dadurch wandelt sich wiederum auch ihr Blick auf die Theologie:«Ich habe gelernt, das Subjekt als konstitutiven Faktor des Lernens und der Theologie zu sehen. Während ich mir zu Beginn meiner Lehrtätigkeit vielleicht überlegt habe, wie man etwas methodisch vermittelt, habe ich nicht in mein Denken integriert, daß das Subjekt und die Gruppe konstitutive Säulen im Lernprozeß sind. Darauf einzugehen oder dies überhaupt wahrzunehmen, zu fördern und mit in den Lernprozeß hineinzunehmen, ist nicht nur eine Methode oder eine Spielerei. Es gehört eminent zur Theologie dazu.«
1972 erhält Friedel Kriechbaum eine Professur in Gießen. Während die 68er-Bewegung für ihren Werdegang von Bedeutung ist, steht sie der sich in etwa zeitgleich konstituierenden Frauenbewegung zunächst eher ablehnend gegenüber: »Ich habe gedacht: ›Die Frauen spinnen!‹ Sie brachten das, was sie an wichtigen Anliegen hatten, so spontan, unreflektiert und fast zufällig vor. Wenn es um konkrete Inhalte wie etwa den Paragraphen 218 oder etwas ähnliches ging, haben sie sich stärker konzentriert und waren sachlicher, aber das Verstreute und Zufällige hat mich damals nicht angezogen. Ich habe das alles sehr aus der Ferne wahrgenommen und gedacht: ›Das geht mich nichts an.‹« In den 70er Jahren beginnt Friedel Kriechbaum, u.a. auch ausgelöst durch ihre Erfahrungen mit der TZI, eine Psychoanalyse, was erneut eine Veränderung ihrer Theologie bewirkt: »Die Analyse ist als die ganz große Wende in meiner Theologie anzusehen, denn damals hat sich meine Sprache verändert, meine Theologie hat ›Fleisch‹ bekommen, während ich zuvor nur ›Knochengerüste‹ vermittelt hatte. Vor der Analyse konnte ich nur dogmatisch von der Rechtfertigung reden, nun habe ich eine andere, eine weltlichere Sprache gewonnen. Für meine Biographie ist es ein sehr wichtiger Punkt, weltlich über meine theologischen Inhalte sprechen zu können. Ich habe erst in der Psychoanalyse und nicht in der Kirche begriffen, was Beten bedeutet. Das war ein diese Zeit stark prägendes Erlebnis.«
Nach außen hin wirkt Friedel Kriechbaums Biographie bruchlos, aber gerade die »psychologische Phase« markiert – wie sie selber sagt – einen

bedeutsamen Einschnitt, und sie skizziert die Auswirkungen auf ihre Theologie folgendermaßen: »Für mich ist die Entdeckung des Subjekts ein ganz entscheidender Punkt gewesen, sowohl bei mir als auch bei meinen Gegenübern. Das gleiche gilt für unser aller Eingebundensein in gesellschaftliche Prozesse. Zwar stand während der 68er-Unruhen auch für mich das Thema ›Politische Theologie‹ auf der Tagesordnung, aber ich denke, damit verhielt es sich etwa so, wie heute Frauenpolitik betrieben wird, es kam nicht von unten her. Ich glaube aber, daß ich damals noch nicht so habe denken können. Früher habe ich die Sozialethik als die Anwendung meiner Dogmatik betrachtet. Das hat sich sowohl in den 70er als auch dann entscheidend in den 80er Jahren geändert. Die Sozialethik ist das Erlebnisfeld des Glaubens und nicht dessen Anwendung.«
Die nochmalige entscheidende Revision ihrer Theologie sieht Friedel Kriechbaum durch ihre beiden Brasilienaufenthalte ausgelöst, denen ein verstärktes Interesse für die »Dritte«-Welt-Problematik vorausgegangen ist. 1985 reist sie nach zweijähriger gemeinsamer Vorbereitungszeit mit einer StudentInnengruppe für elf Wochen in das lateinamerikanische Land, 1986 folgt eine zweite neunwöchige Reise, die sie allein unternimmt. In Brasilien habe sie weder allein noch in der Gruppe die Ziele der Touristen angesteuert, sondern Entwicklungsprojekte besucht, Befreiungstheologie studiert und mit den Menschen vor Ort gelebt. Die bleibenden Eindrücke schildert sie so: »Die prägendste und bleibendste Erinnerung ist die, daß ich gelernt habe, was Hoffnung ist, und zwar Hoffnung gegen alle Empirie. Ich bin als hochnäsige Europäerin hingefahren und habe beispielsweise gedacht, daß ich wüßte, was Demokratie ist. Was Demokratie wirklich ist, habe ich dort unter einfachsten Leuten gelernt. Etwas Vergleichbares habe ich hier nie gesehen. Ich habe eine Hoffnung kennengelernt, die nicht flächendeckend sein muß: Es war z.B. würdig, über kleinste Erfolge ein Fest zu feiern. Ich habe unerhörte Lebensfreude in Verhältnissen gesehen, von denen man denkt: ›Da ist nichts zum Freuen.‹ Meine Maßstäbe haben sich total verändert. Ich bin von dort als sehr Beschenkte weggefahren. Soviel gelebte Theologie habe ich in Europa nie vorgefunden. In Brasilien habe ich auch gelernt, daß ich eine Mittelstandsfrau bin und es auch bleiben will. Ich glaube, ich bin völlig ungeeignet, in einem sozialen Brennpunkt zu arbeiten. Ich kenne diese Lebenswelt einfach nicht. Ich denke, mein Ort ist bei den Mittelstandsfrauen, dort habe ich eine Aufgabe und da kenne ich mich aus. Für mich hat sich durch meine Erfahrungen in Brasilien die Frage gestellt, was gelebte Theologie im europäischen Kontext heißt. Dieser Stachel ist geblieben. Das hat mich außerdem dazu

gebracht, die Frauenbewegung anders anzusehen und ihre Anliegen besser zu verstehen.«
Ihre Hinwendung zur feministischen Theologie sieht Friedel Kriechbaum direkt in der Auseinandersetzung mit der brasilianischen Befreiungstheologie begründet; die Bedeutung des Frau-seins in der Theologie wird von nun an zu ihrem Hauptinteresse: »Als ich zurückkam, ist mir die eigentliche Fragestellung deutlich geworden. Theoretisch hatte ich auch hier schon ein bißchen Befreiungstheologie studiert, doch nun ging es um die praktische Dimension: Was ist Befreiungstheologie in Europa, in Deutschland? Dadurch bin ich neu mit der Frauenbewegung in Berührung gekommen, und mir ist zum ersten Mal bewußt geworden, daß ich in der Theologie als Frau nicht vorkam. Was ich vorher weder gemerkt noch verstanden habe, ist mir nun klargeworden: Ich bin Theologin und Frau. Danach konnte ich innerhalb der feministischen Theologie befreiungstheologisch zu denken anfangen. Diesen Weg habe ich dann weiterverfolgt.«
Heute setzt sich Friedel Kriechbaum vornehmlich mit zwei Themenkreisen auseinander; für den ersten hat sie den Begriff »Laienermutigung« geprägt, der zweite läßt sich mit dem Ausdruck »strukturelle Gewalt gegen Frauen in der christlichen Tradition« umschreiben. Zu diesem Themenkreis führt sie aus: »In den letzten zwei Jahren hat sich für mich die Frage nach der Gewalt in den christlichen Traditionen stark herauskristallisiert. Ich bin Systematikerin geblieben, ich meine jetzt also nicht allein die offene Gewalt gegen Frauen, die auf der Straße passiert, denn dort sieht jeder sofort ein, daß es sich um Gewalt handelt. Mich interessiert demgegenüber, was Frauen, speziell christliche Frauen oder Frauen, die durch ihre Sozialisation im europäischen Kontext durch christliches Gedankengut geprägt worden sind, davon abhält, ihre Stimmen zu erheben. Was macht sie klein und entmutigt sie? Welche Umstände begünstigen es, daß sie ein so mörderisches System, wie das, in dem wir leben, unterstützen? Was hindert Frauen daran, gegen dieses System aufzustehen? All das interessiert mich. Es geht um strukturelle Gewalt, Gewalt der Traditionen und der geerbten Strukturen. Leider ist die christliche Tradition voll davon, das bezieht sich nicht nur auf die biblischen Texte, sondern auch auf deren Wirkungsgeschichte.«
Gerade in diesem Zusammenhang ist Friedel Kriechbaum ihr Engagement in der Erwachsenenbildung und an der Volkshochschule wichtig: »Es liegt mir sehr viel daran, daß der Kontakt zwischen der wissenschaftlichen Theologie und der Basis nicht abreißt. Leider gibt es auf diesem Gebiet nur sehr wenige Brücken.«

Auf diesem Wege versucht Friedel Kriechbaum nicht nur kirchlich gebundene Frauen (und Männer) anzusprechen, sondern auch all jene, die Fragen haben, aber längst keine Antworten von der Kirche mehr erwarten. Diese Arbeit ist nach ihren Worten ein Bewährungsfeld ihrer Theologie. Gerade dort erweise sich, ob ihre Rede verständlich ist und in das alltägliche Leben der Menschen hineinzuwirken vermag. Die weltliche Rede über theologische Inhalte stellt sich Friedel Kriechbaum als besondere hermeneutische Herausforderung dar.
Im Anschluß an diesen eher historisch-biographischen Gesprächszusammenhang bat ich Friedel Kriechbaum zu skizzieren, wie sie die Zukunft der feministischen Theologie sieht. Ich erhielt eine ambivalente Antwort: Einerseits beobachte sie ein schwindendes Interesse an feministischen Themen und Fragestellungen auf seiten der Studentinnen, was sie sehr enttäusche. Andererseits wolle sie unbedingt an ihrer Utopie von einer Gesellschaft der Gegenseitigkeit und gleichen Rechts festhalten. Gleiche Rechte implizierten dabei wesentlich mehr als die juristische Gleichstellung von Frauen und Männern. Der Terminus umfaßt für Friedel Kriechbaum darüber hinaus die Unversehrtheit des Körpers, die Enttabuisierung des Gewaltthemas im oben geschilderten Sinne und eine Veränderung auf dem Gebiet der heute üblichen Arbeitsteilung. Frauen sollten ihre Macht wahrnehmen können. Zu diesem gesamten Komplex erläutert Friedel Kriechbaum: »Wie kann ich die Utopie verstärken? Ich denke, wir müssen Frauensolidarität lernen, sie muß als ein Wert anerkannt werden. Die Frauen selbst müssen härter und konfliktfreudiger werden. Ich meine, es fängt damit an, sich zu verweigern. Wenn man sich verweigert, erntet man zunächst Konflikte anstelle von Anerkennung, und ich wünsche mir eine Solidarität unter Frauen, die das aushalten lernt. Im Ansatz ist mir diese Solidarität schon vertraut, aber ich kann nicht gerade sagen, daß sie bereits in Fülle existierte. Es ist mein Wunsch, daß dieser Wert wächst. Ich halte es dagegen gar nicht so sehr für wünschenswert, daß sich Männer für die Belange von Frauen einsetzen. Eine soziale Männerbewegung, die in Ansätzen ja schon vorhanden ist, wäre mir lieber. Aber das wichtigste ist, daß wir den Wert von Frauensolidarität verstärken.«
Gefragt nach dem, was sie jungen feministischen Theologinnen mit auf den Weg geben wolle, wird Friedel Kriechbaum noch einmal sehr eindringlich: »Zuerst: Wir haben eine Utopie, von der viel Ermächtigung ausgehen kann. Ich wünsche mir, daß junge Frauen das erkennen und nicht geringschätzen, wenn es vielleicht auch nur kleine Schritte sind, die wir gehen können. In Brasilien habe ich gesehen, wieviel sie wert sein können. Zur Zeit möchte ich am dringendsten gegen den Utopieverlust angehen. Ich will dazu

ermutigen, daß wir mit kleinen Schritten an einer neuen Kultur arbeiten. Wir brauchen ein Umdenken. Damit hängt auch zusammen, daß Frauen zu der Kultur, in der sie heute sozialisiert sind, ›nein‹ sagen lernen.«
Diese Ermutigung, der herrschenden Kultur und Ordnung zu widersprechen und offen für das zu bleiben, was noch keinen Ort hat, entspricht exakt Friedel Kriechbaums Lebenshaltung: »Erschütterbar bleiben und widerstehen!«

Kristina Augst

(Geb. 1968. Studium der evangelischen Theologie in Bonn und Marburg. Seit Mai 1997 stv. JUSO-Bundesvorsitzende. Zur Zeit Arbeit an einer Dissertation zum Thema »Religion in der Lebenswelt junger Frauen aus sozialen Unterschichten«.)

Auswahlbibliographie

1989: Das Kreuz Jesu von Nazareth – Ein Symbol des Lebens, Hessisches Institut für Lehrerfortbildung. – 1992: Ich gebe meiner Freiheit Flügel. Frauen entdecken ungewohntes Christentum, Stuttgart. – 1998: Ermutigung zum Widerspruch. Christliche Tradition und Frauenalltag, Mainz.

Pionierin auf dem Weg der Emanzipation lesbischer Frauen in den christlichen Kirchen in Deutschland

Herta Leistner

Herta Leistner ist 1942 im Schwarzwald geboren. Nach ihrer Ausbildung zur Gemeindehelferin arbeitete sie als Bezirksleiterin des Evangelischen Mädchenwerkes in Ulm auf übergemeindlicher Ebene. Zwischen 1969 und 1974 studierte sie Sozialpädagogik in Tübingen und erwarb das Diplom in Pädagogik. 1974 kam sie als Studienleiterin an die Evangelische Akademie in Bad Boll. Seit 1993 arbeitet sie als Studienleiterin im Frauenstudien- und -bildungszentrum der EKD in Gelnhausen.

Die Pionierin

Warm und sympathisch ist sie. Mit ihrem offenen freundlichen Gesicht nimmt sie sofort für sich ein. Ihre ruhige Ausstrahlung heißt mich willkommen, wenn wir uns treffen. Ihre Gastfreundschaft ist wohltuend. Herta Leistner kann konzentrierte Arbeitsatmosphäre schaffen. Wenn Zeit dafür da ist, lädt sie aber genauso gerne erst einmal dazu ein, Kaffe zu trinken und über persönliche Erlebnisse zu reden. Sie ist bescheiden, manchmal fast zurückhaltend – trotz des großen Rummels, den es um ihre Person lange Zeit gab und der immer noch nachklingt. Sie scheint auch nicht verbittert zu sein über die endlosen unwürdigen Kampagnen, die gegen sie in den letzten Jahren organisiert wurden. Sie ist die starke und warmherzige Frau geblieben, die ich so sehr achte und schätze.

Herta Leistner ist keine ausgebildete Theologin. Dennoch hat sie durch ihre theologische Erwachsenenbildungsarbeit die feministische Theologiebewegung an der Basis seit Ende der siebziger Jahre in Deutschland ganz entscheidend geprägt.

Ich habe sie 1986 in Bad Boll auf meiner ersten Lesbentagung kennengelernt. Damals war ich aufgeregt und nervös, fuhr ich doch auf eine Lesbentagung in einem kirchlichen Kontext. So was gibt es doch gar nicht! Davon war ich vorher genauso überzeugt, wie ich darüber frustriert war. Denn ich suchte nach anderen lesbischen Frauen, die – so wie ich – ihre

Liebe zu Frauen und ihren christlichen Glauben nicht als Widerspruch ansahen.
Herta Leistner war für mich seit meiner ersten Tagung in Bad Boll ein Vorbild. Sie war keine abstrakte Heldin aus einer Illustrierten, die unbeirrt und ohne Angst ihrer Wege ging. Ich lernte sie als eine Frau kennen, die trotz gesellschaftlicher Vorurteile den Mut hatte, an die Öffentlichkeit zu gehen und für Rechte von Lesben und Schwulen einzutreten. Sie überzeugte mich durch ihre Ausstrahlung und Ruhe, mit der sie uns »Neue« ermutigte und auf unseren Wegen begleitete. In vielen Gesprächen mit ihr wurde mir deutlich, daß sie selbst auch oft Angst vor denjenigen hat, die voller Haß und Vorurteile nicht bereit sind hinzuhören und hinzugucken, sondern pauschal verurteilen und zum Teil gezielt versuchen, »Anderslebende« zu schädigen. Das hat die engagierte Studienleiterin in ihrem Leben oft genug erleben müssen.
Sie zeigte mir in den achtziger Jahren, daß es möglich ist, lesbisch zu sein und trotzdem engagiert in der Kirche zu arbeiten. Ihre Arbeit gab mir inhaltliche Impulse, emotionalen Rückhalt und Kampfeslust. Dabei habe ich sie nie als eine erlebt, die polemisiert – weder im Hinblick auf VertreterInnen von Kirchengremien noch im Hinblick auf Lesben aus dem sogenannten autonomen und nichtkirchlichen Spektrum, die häufig nicht verstehen, warum »Kirchenlesben« sich immer noch mit patriarchalen Strukturen abkämpfen. Die Pädagogin versucht, Konflikte auszutragen – auf ihre integrative und diplomatische Art und nicht mit der Holzhammermethode. Diesen Grundsatz behielt sie auch bei, als sie 1993 im Zuge ihres Berufungsverfahrens zur Studienleiterin im Frauenstudien- und -bildungszentrum der EKD in Gelnhausen eine unbeschreibliche Hetzkampagne gegen ihre Person erleben mußte. Sie richtete sich gegen ihre lesbische Lebensweise und gegen ihre feministischen Positionen zu kirchenpolitischen und theologischen Fragen. Gleichzeitig erfuhr sie eine Welle der Sympathie- und Solidaritätsbekundungen, die sie stärkten und ermutigten, die Stelle trotz der Proteste anzunehmen.
Ihre engagierte und diplomatische Tagungsarbeit hat ganz erheblich dazu beigetragen, lesbische Frauen sichtbarer zu machen und ihre Akzeptanz in der Öffentlichkeit zu erhöhen. Gleichzeitig hat ihre Arbeit dabei geholfen, Sprachschulung und Bewußtseinsbildung von Lesben zu vertiefen, die heute durch die Arbeit vieler lesbischer Netzwerke, Arbeitsgruppen und Tagungen immer vielfältiger und selbstbewußter fortgesetzt werden. Sie präsentierte weder Sprache noch Bilder zum Konsum, sondern suchte mit anderen zusammen passende Worte für eigene Erfahrungen, Ängste und Hoffnungen. Insofern war sie für mich Lehrerin und Teilnehmerin zugleich.

Feministische Arbeit als Werkstattgeschehen

Entscheidendes Merkmal von Herta Leistners Arbeit ist die enge Verknüpfung mit ihrer Biographie. Schon als Jugendliche und junge Frau hat sie durch ihre Teilnahme an Jungschar und Mädchenkreis ihre ersten Erfahrungen in Frauengruppen gesammelt. Die Freude an Gemeinschaft, am vertrauten Austausch und an gemeinsamen Aktivitäten hat sie sowohl als Teilnehmerin als auch später als Leiterin von Mädchengruppen begeistert. Sie hat schon früh gelernt, Verantwortung zu übernehmen und Selbstvertrauen zu entwickeln. Diese Lernerlebnisse, die in ihrem eigenen Leben eine wichtige Rolle spielten, gab sie in ihrer übergemeindlichen Mädchenarbeit, später in ihren Lehraufträgen an der Universität Tübingen und in Tagungen in Bad Boll und Gelnhausen anderen Frauen weiter. Die kritische Untersuchung der Situation von Frauen in Privat- und Erwerbsleben und deren Ermutigung zur Selbständigkeit waren insofern für ihr eigenes Leben genauso wichtig wie für ihre pädagogische Arbeit mit Mädchen und Frauen.
Gemeinsam mit anderen über Spiritualität und Glauben zu reden und angemessene Ausdrucksformen zu entwickeln, ist ebenfalls ein zentraler Bestandteil ihrer Arbeit, genauso wie Fragen zu Form und Inhalt ihres Glaubens in ihr ganzes Leben eingeschrieben sind.
In den siebziger Jahren begann ihre persönliche Auseinandersetzung mit der autonomen Frauenbewegung in Deutschland und in anderen Ländern. Anläßlich eines halbjährigen Studienaufenthalts in den Vereinigten Staaten im Jahr 1977 lernte sie außerdem Frauen kennen, die feministisch-theologisch innerhalb kirchlicher Kontexte arbeiteten. Diese für sie wichtigen neuen Erfahrungen nahm sie mit nach Deutschland und beschloß, gemeinsam mit Elisabeth Moltmann-Wendel und anderen Frauen, eine erste internationale Studientagung zur feministischen Theologie zu organisieren. Im Einladungstext zum Tagungsprogramm faßt sie die damaligen Ziele für ihre feministische Tagungsarbeit programmatisch zusammen: Frauen müßten selbst Subjekt des theologischen Arbeitens und Handelns werden und ihre persönlichen Erfahrungen in die Diskussionen einbringen. Ziel sei, das eigene Selbstverständnis aus der biblischen Botschaft heraus zu stärken und durch die selbstbewußte Mitarbeit von Frauen Kirche und Gesellschaft menschlicher und gerechter zu gestalten.
Diese erste Studientagung sollte der Start für eine kontinuierliche feministische Werkstattarbeit werden. Sie wurden auf zwei Tagungen im Jahr erweitert, als die Teilnehmerinnenzahl 150 Frauen überstieg. Die Tagungen berührten den Nerv der Fragen von Frauen ganz unterschiedlichen Alters

und Hintergrunds. Viele von ihnen waren enttäuscht über patriarchale Theologien und männerdominante Hierarchiestrukturen in den christlichen Kirchen. Nicht wenige trugen sich daher mit dem Gedanken, aus der Kirche auszutreten. Zu einem neuen Verständnis von Theologie und Kirche gelangten viele Werkstatteilnehmerinnen, als sie begannen, Theologie als kontextuelle Befreiungstheologie für sich zu entdecken und nicht mehr nur als Legitimationswerkzeug von Frauenunterdrückung zu sehen.
Herta Leistner war in diesem Such- und Aufbruchsprozeß, genau wie die anderen beteiligten Frauen, Lehrerin und Lernende zugleich. Sie stand nicht außerhalb des Kreises der Fragenden. Sie war kritisch gegenüber den herrschenden Theologierichtungen und gleichzeitig versuchte sie, innerhalb kirchlicher Strukturen ihr Zuhause zu finden. So waren und sind die feministischen Tagungen für sie tatsächlich Werkstätten, in denen kompetente Frauen gemeinsam etwas erarbeiten, ihre Erfahrungen austauschen und ihre Kritik und ihre Visionen formulieren. Der Prozeßcharakter dieser Tagungen gehört für sie bis heute zu den programmatischen Eckpunkten feministischer Emanzipationsarbeit, die sie ganz bewußt nicht nur im »universitären Elfenbeinturm« ansiedelt. Ziel ist, diese Übungserfahrungen aus dem geschützten Tagungsrahmen in den Alltag der einzelnen Frauen zu überführen und Schritt für Schritt umzusetzen.

Aus der Nichtexistenz auftauchen« – Die Tagungsarbeit für Lesben in der Kirche

Für Herta Leistner wurde Anfang der achtziger Jahre noch ein anderes Thema brisant: die lesbische Liebe. Angesprochen wurde das Thema durch den persönlichen Erfahrungsaustausch und die Erzählungen von Tagungsteilnehmerinnen. Es wurde zunächst eher am Rande deutlich, daß viele der engagierten Frauen lesbisch leben oder doch zumindest viele offene Fragen im Hinblick auf die lesbische Liebe hatten. Offiziell kam dieses Thema auf den Tagungen aber noch nicht vor. Zu groß waren die Berührungsängste und die Tabuisierung aufgrund von Vorurteilen und der Angst vor Konflikten. Niemand traute sich so recht an das Thema heran.
Persönliche Begegnungen mit anderen Lesben und eigene innere Auseinandersetzungen machten dieses Thema auch für sie selbst seit Ende der siebziger Jahre immer aktueller. Aufgrund ihrer religiösen Erziehung und ihrer verinnerlichten Moralvorstellungen war es für sie ein langer schmerzhafter Weg, schließlich vor sich selbst und anderen dazu zu stehen, daß sie Frauen

liebt. Erst im Kontext der Frauentagungen und ihrer Begegnung mit anderen lesbischen Frauen im kirchlichen und außerkirchlichen Kontext wurde sie dazu ermutigt, offener darüber zu reden. Zeitgleich wurden die Stimmen von einigen lesbischen Frauen am Rande der feministischen Tagungen lauter, einmal ganz explizit mit ihren Erfahrungen, Fragen und Sorgen zu Wort zu kommen. Dieses Bedürfnis vieler lesbischer Frauen, das Schweigen zu brechen und sich endlich untereinander auszutauschen, teilte sie selbst auch. So begannen viele interessierte Frauen, Ideen zu sammeln und eine Tagung zu planen.

Aus den ersten Konzepten entwickelte sich seit Mitte der achtziger Jahre ein neuer Schwerpunkt in ihrer Arbeit. Gemeinsam mit Monika Barz bot sie ab 1985 zwei Lesbentagungen im Jahr in Bad Boll und Loccum an, die die Entwicklung der kirchlichen Lesbenarbeit in den alten Bundesländern in ganz entscheidender Weise prägte.

Dieser Arbeit ist es zu verdanken, daß heute über 1000 Lesben aus dem In- und Ausland im Tagungsverteiler verzeichnet sind. Daraus hat sich eine eigenständige kirchliche Lesbenarbeit in Form von Netzwerken, Arbeitsgruppen, Seminaren und Angeboten auf den Kirchentagen entwickelt. All diese Aktivitäten haben letztlich ihren Anfang in Bad Boll genommen. Dort wurden Kontakte geknüpft, Erfahrungen ausgetauscht, Selbstvertrauen und Ideen für die gemeinsame Weiterarbeit außerhalb der Tagungen gesammelt und Verabredungen getroffen. Wie ein »Schneeballsystem« breitete sich die Lesbenarbeit in den alten Bundesländern aus. Zunächst fand sie noch sehr im Verborgenen statt. Die Tagungen wurden nicht öffentlich als Lesbentagungen gekennzeichnet, sondern als geschlossene Frauentagungen in einem internen Adressenverteiler ausgeschrieben.

Seit 1987 werden besondere Veranstaltungen zu lesbisch-feministischen Themen auf den Kirchentagen angeboten, die Herta Leistner gemeinsam mit anderen Frauen ebenfalls lange Zeit betreut und organisiert hat. Insbesondere durch die erste Veröffentlichung (1987), die sie gemeinsam mit Monika Barz und Ute Wild herausgegeben hat, wurde die Existenz von Lesben in den Kirchen mehr ins Blickfeld gerückt.

Herta Leistner ist auch an der Zusammenarbeit mit schwulen Männern interessiert. Voraussetzung dafür ist für sie, die spezifischen Unterschiede und verschiedenen theologischen und kirchenpolitischen Positionen nicht zu vernachlässigen, sondern sie kritisch wahrzunehmen und miteinander zu diskutieren. Sie ist seit einigen Jahren im Europäischen Forum für lesbische und schwule christliche Gruppen engagiert, in dem die Zusammenarbeit auf europäischer und ökumenischer Ebene vorangetrieben wird. Aufgrund ihrer

Kontakte zu Frauen im Ökumenischen Rat der Kirchen und vielen engagierten Frauen aus den Vereinigten Staaten und insbesondere asiatischen Ländern bemüht sie sich darüber hinaus um die Zusammenarbeit verschiedener internationaler Gruppen im Hinblick auf die Emanzipation von Lesben und Schwulen.

Der Titel ihrer Dissertation, die sie gemeinsam mit Monika Barz 1993 abschloß, faßt ein Etappenziel ihrer Arbeit zusammen: Lesben sollen endlich »aus der Nichtexistenz auftauchen«. Angesichts des Verschweigens und des Nichtwahrnehmens lesbischer Frauen in bisherigen kirchlichen Homosexualitätsdebatten war ihnen dieses Motto ein entscheidendes Anliegen. Lesben sollten eine Stimme haben und selbstbewußt in kirchen- und gesellschaftspolitischen Fragen zu Lebensformen und Sexualethik mitreden.

Daß die Erfahrungen lesbischer Frauen gehört und ihre Lebensformen respektiert werden, dafür setzt sich die kämpferische Studienleiterin weiterhin ein. Ihre Arbeit ist ein Prozeß der kleinen Schritte, die in der kirchlichen Landschaft bereits enorm viel verändert haben.

Feministische Befreiungstheologie aus lesbischer Perspektive

Herta Leistners theologische Arbeit ist erfahrungsorientiert und kontextuell. Die biblischen Texte und Geschichten spielen dabei eine wichtige Rolle. Sie eröffnen nach ihrer Überzeugung Interpretationsmöglichkeiten für das Alltagsleben. Lesben, Schwule und andere gesellschaftliche AußenseiterInnen sind für sie *Subjekte* der theologischen Arbeit.

Die eigenen Erfahrungen, Ängste und Wünsche werden durch Auseinandersetzung mit den biblischen Geschichten ins Gespräch gebracht und reflektiert. Der Umgang mit biblischen Texten hilft zum einen dabei, daß insbesondere Lesben ermutigt werden, zu sich selbst, ihrem Leben und ihrer Lebensform zu stehen und sich von Gott angenommen zu wissen. Die biblischen Traditionen sollen aber auch im Sinne des Exodusgeschehens Lesben dazu ermächtigen, eigene Verstrickungen zu erkennen, Mißstände zu verändern und aus Unterdrückungsstrukturen auszubrechen. In diesem Sinn steht Herta Leistner einer feministischen Befreiungstheologie nahe, die biblische Geschichten aus lesbischer Perspektive in heutige Alltagszusammenhänge übersetzt. So werden die Themen und Erfahrungen von Lesben zugrunde gelegt und als Bibelleseperspektive ernst genommen.

Auch im Hinblick auf Gottesbilder, andere theologische Topoi und die Umsetzung in die Gemeinde- und Gottesdienstpraxis plädiert sie dafür, die

Erfahrungswelt von Lesben einzubeziehen. Seelsorge, Predigtthemen und liturgische Sprache müßten sensibel dafür sein, daß auch lesbische Frauen in den Gemeinden vertreten sind und angesprochen werden wollen. Auch die Segnung lesbischer und schwuler Partnerschaften sieht sie als wichtigen Aspekt ihrer feministischen Theologie an. Ihrer Meinung nach ist der Segen Gottes Menschen unverfügbar und darf nicht zur Höherbewertung, gleichsam zur »Absegnung« der Ehe auf Kosten von anderen Lebensformen mißbraucht werden.

Im Hinblick auf Fragen der Sexualethik und der theologischen Erörterung von Lebensformen geht es ihr nicht um Beliebigkeit der Verhaltensweisen. Sie legt bestimmte Kriterien an, die für alle zwischenmenschlichen Beziehungen und Ausgestaltungen gelten – ob lesbisch, schwul, bisexuell oder heterosexuell. Diese speist sie aus Ansätzen der Theologie der Beziehung, wie sie beispielsweise Carter Heyward, Beverley Harrison und Mary Hunt in den Vereinigten Staaten entwickelt haben. Danach sind Kriterien für individuelles und gesellschaftliches Zusammenleben wechselseitiger Respekt, Gewaltfreiheit und Dialogbereitschaft. Dort, wo diese Werte gelebt werden, ist für Herta Leistner auch Gottesbeziehung möglich. In der internationalen und ökumenischen Frauen-Kirchen-Bewegung sieht sie diese zur Zeit am ehesten umgesetzt. Diese Bewegung bezeichnet sie als ihre spirituelle und theologische Heimat. Schwerpunkte ihrer Arbeit sind feministische Liturgie, Spiritualität von Frauen, Fortbildung von Frauen im Hinblick auf neue Kommunikationsformen, Organisation und Leitung in kirchlichen Gremien und der internationale ökumenische Dialog.

Maßgeblich für ihre Arbeit ist dabei die Erkenntnis, daß es auch außerhalb der Kirchen kein Paradies für lesbische Frauen gibt. Warum sollten lesbische Frauen daher das Feld in den Kirchen räumen, statt selbstbewußt festzustellen: Auch Lesben sind Kirche!

Kerstin Söderblom

(Geb. 1963. Einjähriges Englisch- und Französisch-Intensivsprachstudium in Montreal (Kanada). Studium der evangelischen Theologie und der Diplompädagogik in Heidelberg, Montpellier (Frankreich) und Hamburg. Stipendiatin des Marburger Graduiertenkollegs »Religion in der Lebenswelt der Moderne«. 1993 bis 1996 Promotion zum Thema »Grenzgängerinnen – Die Bedeutung von christlicher Religion in Lebensgeschichten lesbischer Frauen in (West-) Deutschland«. Zur Zeit Vikarin in Frankfurt/Main.)

Auswahlbibliographie
1982: zusammen mit Heidemarie Langer und Elisabeth Moltmann-Wendel: Mit Mirjam durch das Schilfmeer. Frauen bewegen die Kirche, Stuttgart. – 1984: zusammen mit Heidemarie Langer, Elisabeth Moltmann-Wendel und Annemarie Schönherr: Wir Frauen in Ninive. Gespräche mit Jona, Stuttgart. – 1986: Werkstätten Feministische Theologie in Bad Boll, in: Schaumberger u.a. (Hg.), Handbuch Feministische Theologie, Münster, S. 142-147. – 1987: zusammen mit Monika Barz und Ute Wild (Hg.): Hättest du gedacht, daß wir so viele sind? Lesbische Frauen in der Kirche, Stuttgart. – 1993: zusammen mit Monika Barz: Aus der Nichtexistenz auftauchen... Der Beitrag von Tagungsarbeit zum Identitätsbildungsprozeß lesbischer Frauen in der Kirche (unveröffentlichtes MS), Hannover. – 1997: Mitherausgeberin, Laß spüren deine Kraft. Feministische Liturgie. Grundlagen Argumente, Anregungen, Gütersloh.

Theologie muß geerdet sein

Elisabeth Moltmann-Wendel

1926 geboren in Herne; 1945-1951 Studium der evangelischen Theologie in Berlin und Göttingen, Promotion; 1952 Heirat mit Jürgen Moltmann, vier Töchter werden geboren; 1967/68 erster längerer Aufenthalt in den USA. Veranstaltungen auf den evangelischen Kirchentagen: z.B. 1982: »Mit Mirjam durch das Schilfmeer«; 1984: »Wir Frauen in Ninive«. Seit 1990 Mitherausgeberin der Zeitschrift *Evangelische Theologie*. Verschiedene Preise: Johanna-Löwenherz-Preis des Landkreises Neuwied (1992); Herbert-Haag-Preis zusammen mit Elisabeth Gössmann »Freiheit für die Kirche« (1997).

Elisabeth Moltmann-Wendel ist eine der bekanntesten feministischen Theologinnen im deutschen Kontext. Ihre Bücher haben Generationen von Frauen motiviert, über ihre Rolle als Frau in Kirche und Theologie nachzudenken und sich selbst auf den Weg zu machen. Die Allgemeinverständlichkeit ihrer Veröffentlichungen und die vielen Vorträge auf Kirchentagen, in Akademien, Universitäten und Gemeindegruppen haben besonders Frauen an der Basis begeistert. Ihr ist die Erdung der Theologie stets ein zentrales Anliegen gewesen, indem sie wissenschaftliche Themen und Theorien an ihrer Bedeutung für den Alltag und das Leben von konkreten Frauen gemessen hat. Ihre Autobiographie (1997) trägt den Titel: »Wer die Erde nicht berührt, kann den Himmel nicht erreichen...«

Ein Anfang im neuen Geist

Wie hat alles angefangen? Elisabeth Moltmann-Wendel begann direkt nach Kriegsende eher zufällig in Berlin das Studium der evangelischen Theologie: »Man brauchte '45 Lebensmittelkarten, die bekam frau/man wenn man StudentIn war, sonst blieb nur noch Straßenarbeit übrig, und das hatte ich lange gemacht. Als die Fakultät Anfang Juli '45 eröffnete, ganz früh als erste von den Amerikanern lizenziert, da bin ich dann mit dem Rad hingefahren und habe angefangen. Ich dachte: ›Hauptsache studieren –

egal was es ist – nachher kann man ja noch sehen, was daraus wird.‹ Eigentlich wollte ich Altphilologie oder Medizin studieren. Aber nach dem ersten Semester fand ich das ganze so spannend, daß ich mir sagte: Dabei bleibe ich! Und so kam ich in die Theologie.«
Die Selbstverständlichkeit, mit der sie zu dieser Zeit ein Studium begann, erstaunt. Mußte dieser Entschluß nicht hart erkämpft werden? »Für mich war das überhaupt nichts Besonderes. Meine Klassenlehrerin war promovierte Theologin, die Pfarrfrau in unserer Gemeinde war Theologin in der Bekennenden Kirche, zu der auch meine Eltern gehörten. Es gab eine Reihe Vikarinnen – wie man damals sagte. Diese Pfarrerinnen oder Vikarinnen betreuten Gemeinden und waren völlig selbständig. Meine Schwester ist im Burckhardthaus gewesen, Anna Paulsen war mir ein Begriff, ebenso Ingeborg Becker..., ich fühlte mich umgeben von lauter Theologinnen. Außerdem hat mich nie ein Mann in meiner Existenz als Frau in Frage gestellt. Das kommt vielleicht daher, weil ich in einer Frauenfamilie großgeworden bin und in der Kriegszeit eigentlich alle Geschlechterschranken brachen.«
Das Studium begann inmitten von Schutt und Trümmern. »Irgendwann kam ich nach Hause, da waren wir von den Russen aus unserer Wohnung herausgeschmissen. Ich brach in Tränen aus, es war mein neunzehnter Geburtstag. Ich fühlte mich heimatlos. Die Fahrten nach Berlin waren auch nicht ungefährlich, aber gerade deswegen machte das solchen Spaß. Man flüchtete in eine geistige Heimat, die faszinierend war.« Die Nachkriegszeit empfand sie dann als Neuanfang, der geprägt war von einer großen Begeisterung und einer Aufbruchsstimmung, die die jungen TheologInnen verband. »Ringsherum war das zerstörte Berlin, wir hungerten uns wirklich redlich durch. Ich weiß noch, wenn ich nach Hause fuhr, hatte ich immer Halsschmerztabletten dabei, die meine Mutter reichlich besorgt hatte. Die aß ich dann gegen Hunger. Dies alles war furchtbar, und trotzdem waren wir voller Hoffnung, wir lebten aus einem neuen Geiste... Westberlin war dann ein liberaleres Pflaster. Von den Studentinnen, die dort in der Hochschule waren, stammten mehrere aus jüdischen Kreisen, die mit Leidenschaft Theologie studierten. Eine davon war Rosemarie Streisand. Von ihr lernte ich Karl Barth und den Marxismus kennen. Diese Frauen waren intellektuell weit interessanter als die Männer, hochgebildet und intellektuell unabhängig – ich kam mir da manchmal richtig kleinmädchenhaft vor. Aber an ihnen konnte ich mich aufrichten. Und es machte einfach Spaß.«

»Das süße theologische Gift, daß geistige Gleichstellung auch Gleichberechtigung ist...«

Das Pfarramt kam für Elisabeth Moltmann-Wendel als Berufsziel nie in Frage, eher eine Lehrtätigkeit. Aber als Motivation für das Studium stand auch diese nicht im Vordergrund. »Ich habe nie gefragt: Was kommt danach? Das fragten wir alle nicht. Wir lebten ja so von der Hand in den Mund oder von Tag zu Tag. Es kamen immer die nächsten Etappen: Fakultätsexamen, Promotion. Dann verlobte ich mich, wir heirateten, und dann war es vorbei...« Durch ihre Heirat verzichtete sie auf eine eigene berufliche Karriere. Sie begleitete ihren Mann als Pfarrfrau in verschiedene Gemeinden und später über Bonn nach Tübingen, wo er als Professor lehrte. War das eine Selbstverständlichkeit für sie als verheiratete Frau? »Ja, hinterher haben wir uns gefragt: Wieso haben wir das so akzeptiert? Warum haben wir das geschluckt? Wir hatten diese Illusion, geistig ebenbürtig mit dem Mann zu sein – damit schaffte man dann ein gelingendes Leben. Wir sahen damals die gesellschaftliche Wirklichkeit nicht, die Frauen im Grunde kein Selbstbewußtsein entwickeln läßt.« Der Blick zurück ist dennoch kein Blick im Zorn. »Ich hätte nicht vier Kinder in die Welt setzen können und hätte auch viele andere Entwicklungen sicher nicht machen können. Ich habe intensiv gelesen und mir ein breites Spektrum von Wissenschaft angeeignet. Das hätte ich in einem Pfarramt bestimmt nicht geschafft. Diese Phase hatte dadurch auch etwas sehr Kreatives.«

Aber wie bei vielen Frauen, die Haushalt, Ehemann und Kinder versorgen müssen, war diese Zeit auch geprägt von körperlicher und geistiger Erschöpfung. Die Erfahrung, nicht mehr in großen Zusammenhängen denken zu können und sich schließlich nicht mehr selbst zu achten, ist fest in ihrem Bewußtsein verankert. »Das verbindet mich bis heute mit anderen Frauen. Ich erlebe oft, wie mein Mann kontinuierlich an einer Sache bleibt, wie er sehr aufbauend logisch arbeitet, sein ganzes Konzept durchzieht, während ich immer wieder in viele Stücke zerrissen bin. Heute weiß ich, daß das für mich wichtig ist, nur so kann ich lebendig formulieren. Wenn ich an irgendeinem Gedanken nicht weiterkomme, gehe ich meist in die Küche und fange irgendwas an zu tun, und dann fließt es. Es fließt aus der Lebendigkeit der Handarbeit.«

Sisterhood is powerful

Als die Kinder älter wurden, kam dann für sie die Chance, wieder selbst theologisch aktiv zu werden. Wichtige Impulse gaben dafür feministische Artikel aus den USA. »Robin Morgan: *Sisterhood is powerful* – war eine entscheidende Wende. Hier entdeckte ich: ›Das bin ich, das ist meine Situation.‹ Ich bin in Ordnungsvorstellungen großgeworden, in Karl Barth'schem Denken, daß der Mann A und die Frau B ist, und daß diese Kombination die göttliche Ordnung darstellt. Ich habe es nie reflektiert, denn so lebte frau, und so lebte ich. Innerlich konnte ich mich aber nie damit abfinden. Deswegen waren die amerikanischen theologischen Artikel für mich eine Erleuchtung: Die Einsicht, daß ich als Frau ein Menschenrecht, ein Gottesrecht habe, das Recht, ein eigener Mensch zu werden. Als ich meinen Mann in die USA begleitete, erlebte ich dort eine Aufbruchssituation. Ich kam in Frauengruppen, in akademische und kirchliche, in denen ich meine Gefühle und Einsichten bestätigt fand. Ich traf auf Frauen, mit denen ich sonst nur über Belanglosigkeiten geredet hätte. Plötzlich fingen wir an, über interessante Dinge – über uns – zu sprechen. Hier gab es eine »sisterhood«, eine Schwesterlichkeit im Aufbruch, die mich gestärkt hat. Letty Russell gab mir die ganze theologische Bandbreite der Literatur mit, mit der ich dann nach Hause kam und das erste Buch hier veröffentlichte (1974: Menschenrechte für die Frau).

Wer die Erde nicht berührt...

Die Erdhaftigkeit der Theologie ist ein Thema, das die Arbeit und das Leben von Elisabeth Moltmann-Wendel durchzieht. »Ja – und es kommt nicht erst die Erde und dann der Himmel, sondern beides geht ineinander. Wenn Theologie die Erde nicht mehr berührt, wenn wir sie nicht mehr berühren und aus dieser Erde heraus Theologie betreiben, dann wird das Ganze abstrakt und begrifflich und männlich und letzten Endes belanglos.« Daß ihre Theologie nicht belanglos ist, zeigt die breite Resonanz, die sie im Laufe der Jahre bei vielen verschiedenen Frauen erfahren hat. »Akademisch wird sich feministische Theologie auf Dauer nicht durchsetzen können, wenn sie nicht die Basis im Hintergrund hat.« Bedauert sie es rückblickend nicht doch ein wenig, nicht an einer Universität gelehrt zu haben? »Nein, an die Uni wollte ich nie. Aber auf einer mittleren Ebene hätte ich gerne gelehrt. Ich habe auch zeitweilig an einer Fachschule in Wuppertal unterrichtet, das machte mir großen Spaß. Manchmal, wenn ich zurückblicke, denke ich, daß es auch schön gewesen wäre, Schüler oder Schülerinnen gehabt zu haben, etwas kontinuierlich zu entwickeln, eine Institution im Hintergrund zu haben... Aber vieles andere wäre dann nicht möglich gewesen.«

Ich bin gut, ich bin ganz, ich bin schön

Diese feministische Übersetzung der Rechtfertigungslehre bedeutete für die einen – vor allem für Frauen – eine tiefgreifende Befreiung, für die anderen – vor allem für Männer in wichtigen theologischen und kirchlichen Positionen – eine Provokation. Luthers Beschreibung des Schön-Seins des Sünders war für Elisabeth Moltmann-Wendel der Schlüssel, die Gegensätze von Körper und Geist in ihrer Theologie zu überwinden und zu der Vorstellung der Ganzheit des Menschen zu gelangen. Besonders Frauen machen durch ihre Sozialisation und die Definition dessen, was traditionell »Gutsein« bedeutet, die Erfahrung, nie zu genügen. »Ich bin gut, ich bin ganz, ich bin schön« – Ermutigung und Zusage der Annahme, diese Aussage hat viele Frauen ermächtigt, aus dem Zirkel von Selbstüberforderung und Selbstanklage ausbrechen zu können. In der herrschenden Sicht wurde dieser Satz als Selbsterlösung, Leugnung der Sündhaftigkeit des Menschens/der Frau und letztlich als Absage an den Glauben an Jesus Christus gedeutet. So ist es nachzulesen in der Stellungnahme der Nordelbischen Bischöfe zum Thema feministische Theologie (1985) und im sogenannten »Tübinger Gutachten« (1990). Wie hat sie diese ständigen Angriffe auf ihre theologischen Entwürfe durchgestanden? Woher kam die Kraft, sich immer wieder der Konfrontation zu stellen? »Die Nordelbischen Bischöfe, die haben nichts richtig gelesen. Aber es gab Konfrontationen, die ich als sehr schmerzlich erlebt habe, wie auch jetzt die aktuelle Diskussion in der württembergischen Landeskirche um das Sühnopfer. Ich habe dargelegt, daß es heute durch die theologische Forschung nicht mehr als das einzige neutestamentliche Verständnis des Todes Jesu zu verstehen ist. Aus einer Frauenperspektive sollten wir besser von Hingabe sprechen. Besonders für Frauen ist dieses Opferdenken fatal, da sie ewig zum Opfer aufgefordert waren und viele sich als Opfer ihrer eigenen Geschichte verstehen. Selbstaufopferung war das hohe Frauenideal. Nach Angriffen von offizieller Seite ist dann eine Flut von Beschimpfungen von Pfarrern und Laien aus der pietistischen Richtung auf mich niedergegangen. ›Ich hätte die Sache Jesu beschmutzt...‹ Ich fühlte mich mutterseelenallein auf weiter Flur. Es kamen auch Briefe bestätigender Art, trotzdem empfand ich diese Form der Auseinandersetzung beinahe als existenzbedrohend.«

Versteht sie sich als Einzelkämpferin oder steht ein »wir« im Hintergrund, das sie in ihrer Arbeit stützt? »Na ja, ich hätte gern ein »wir«, habe das auch oft, aber nicht immer. Und es kommt ein weiteres hinzu. Es ist tragisch, wenn immer wieder die Frauen, mit denen ich eng theologisch zusammenarbeite, schwer krank werden und sterben, wie kürzlich Herlinde Pissarek-Hudelist. Ich sage mir dann immer: Du mußt eben deinen Weg allein gehen. Aber es gibt auch andere Erfahrungen. Wenn ich in einer schwierigen Situation bin und sich plötzlich ein Gespräch ergibt, die Isolation aufgebrochen wird, ein Gegenüber da ist. In meiner Generation gibt es viel zu wenige dieser aktiven Frauen, und die wenigen leben dann weit entfernt – und sind alle selbst auch Einzelkämpferinnen. Ich glaube das gehört zu unserer Pioniergeneration dazu.«

Streitkultur unter Frauen?

Elisabeth Moltmann-Wendel war in ihrer theologischen Arbeit nie unumstritten. Auch innerhalb der feministischen Diskussion kam es zu Auseinandersetzungen. Was trifft mehr: die Angriffe von Frauen oder die von Männern? »Von Frauen! Vor allem durch die immerwährende Kritik an meinem Antijudaismus bin ich oft verletzt worden. Ich habe diese Diskussion nicht als sachlich, sondern als höchst emotionsgeladen empfunden. Das schmerzt mich fast mehr als die evangelikalen Ausbrüche von pietistischer Seite. Ich wünschte mir eine sachliche Auseinandersetzung über diese Fragen, die die Fehler, die begangen worden sind, aufarbeitet. Das wäre mein Wunsch an die nächste Generation, sachlicher an die Dinge heranzugehen und die ewigen Verdächtigungen auszuräumen. Es gibt bereits viele Frauen, die versuchen, Neuansätze zu finden. Für mich ist es wichtig, deutlich zu machen, was es heißt, Frauen anzugreifen, die zur eigenen Gruppe gehören und dasselbe Ziel verfolgen.« Haben Frauen es nicht gelernt, ihre Konflikte untereinander auszutragen? Spielt hier unbewußte Konkurrenz eine Rolle? »Ich schaue mir Männerkonflikte an, die sind auch heftig, aber sie haben Rituale, ihre Konflikte wieder zu begraben. Sie können hinterher ein Bier trinken gehen – merkwürdig ritualisiert. Und das sehe ich bei Frauen nicht. Alles ist viel elementarer, viel absoluter, uns fehlen Rituale, um mit der Sprachunfähigkeit umzugehen. Aber wir fangen ja erst an, eine Frauenkultur zu entwikkeln«. Als ein positives Beispiel dafür beschreibt sie die Zusammenarbeit am Wörterbuch der Feministischen Theologie: »Wir hatten eine wunderbare, fast berauschend schöne Zusammenarbeit, es war ein wirkliches Gemeinschaftserlebnis. Es dauerte eine Weile, aber jede stellte ihr besonderes Anliegen ein Stück zurück, damit das Ganze gelingen konnte. Das war eine eindrückliche Erfahrung.«

Wachsen braucht Stille

Wie beurteilt eine Theologin, die auf viele Jahrzehnte intensiver Arbeit zurückblickt, die gegenwärtige Entwicklung? Es wird immer wieder gesagt, Frauenbewegung und feministische Theologie seien am Ende. Stimmt das? »Im Gegenteil, sie wachsen – vielleicht nicht an einer bewußten Oberfläche, nicht in der Presse und der herrschenden theologischen Literatur. Aber an der Basis passiert viel. Die Frauen werden immer eigenständiger. Sie fragen:› Wie ist das für mich?‹ – und lassen nicht nach. Ich sehe keinen Niedergang, eher eine gewisse Stille, aber jedes Wachsen braucht Stille.«
Es gibt aber auch Bereiche, die sie innerhalb der feministischen Theologie kritisch betrachtet. Das betrifft vor allem die ihres Erachtens häufig eingeschränkte Art der Betrachtung, die sich vor allem auf den Sexismus konzentriert. »Es fehlt etwas, nämlich die Erkenntnis, daß es neben dem Sexismus noch andere Unheils- und Defiziterfahrungen von Menschen gibt. Wir müssen einen größeren Radius schlagen. Ich denke an Menschen mit lebensbedrohenden Krankheiten, sie stehen vor neuen Lebensfragen. Themen wie Krankheit, Tod und Umweltzerstörung müssen deshalb in feministischer Theologie ihren Platz finden, um ihnen etwas zu sagen zu haben. Sie muß weiterhin politische Theologie sein, aber auch das Individuum, die einzelnen Frauen in ihrer ganzen Existenz erfassen können. Außerdem müssen wir verstärkt eigene Akzente setzen. Bisher haben wir z.B. die Frauenfragen des Ostblocks völlig vernachlässigt. Wir müssen nach weiblichen Lebensmustern auch in anderen Kulturen fragen, nicht nur in der westlich-angelsächsischen Welt. Nur so können wir uns wirklich für die vielfältigen Dimensionen weiblichen Lebens öffnen, dann kann feministische Theologie wachsen und reizvoll werden.«

Einen Fuß in die Tür kriegen...

Welchen Rat gibt sie abschließend den jüngeren feministischen Theologinnen? »Jede Zeit hat ihre eigene Problematik. Die nächste Generation muß sehr geschickt leben, sie muß die Dinge voll aufnehmen und nicht unser kostbares Erbe verspielen. Wir haben enorm viel erreicht. Aber sie muß auch geschickt sein, sich nicht in Konfrontationen verrennen. Sie muß sehen, wie sie in den Kirchen und in diesen Mann-zentrierten Fakultäten einen Fuß in die Tür kriegt. Das ist ungeheuer schwer. Und das bedeutet, innerlich aufrecht zu sein, aber auch die Kunst der Kompromisse zu beherrschen.« Die Lebendigkeit und Begeisterung, mit der Elisabeth Moltmann-Wendel stets theologisch gearbeitet hat, zeigt, daß dies nicht nur Mühen und Strapazen bedeutet. Ihr Beispiel macht Mut, sich der Herausforderung der Weiterentwicklung feministischer Theologie zu stellen und sich mit Freude auf den Weg zu machen.

Claudia Janssen

Auswahlbibliographie
1974: Menschenrechte für die Frau, München. – 1981: Ein eigener Mensch werden. Frauen um Jesus, Gütersloh. – 1985: Das Land, wo Milch und Honig fließt, Gütersloh. – 1988: Wenn Gott und Körper sich begegnen, Gütersloh. – 1991: Wörterbuch der Feministischen Theologie (Mitherausgeberin), Gütersloh. – 1994: Mein Körper bin ich, Gütersloh. – 1997: (Hg.), Die Weiblichkeit des Heiligen Geistes, Gütersloh. – 1997: Wer die Erde nicht berührt, kann den Himmel nicht erreichen. Autobiographie, Zürich und Düsseldorf.

Eine katholische Protestantin

Iris Müller

1930 in Magdeburg geboren; 1950-1958 Studium der evangelischen Theologie in Naumburg und Halle/Saale; 1. Staatsexamen; Konversion zur kath. Kirche; Flucht aus der DDR in die BRD; 1960-1970 Studium der katholischen Theologie an der Westfälischen Wilhelms-Universität in Münster; Promotion 1970; Verwalterin einer Assistentenstelle in Münster; ab 1980 wissenschaftliche Mitarbeiterin am Seminar für Religionswissenschaft, Aufbau der Spezialbibliothek »Frau in den Religionen«; seit 1994 im Ruhestand.

Das Studium der evangelischen Theologie und der Wechsel der Konfession

Als ich Iris Müller im Juli 1997 zum Gespräch traf, erlebte ich eine nach einem Schlaganfall körperbehinderte Frau, die nichtsdestotrotz mit viel Energie und Leidenschaft aus ihrem Leben erzählte und sich nicht scheute, auch schmerzliche Erinnerungen aufsteigen zu lassen. Nachdem ihr Vater nach Ende des Krieges in einem Gefangenenlager gestorben war, verbrachte Iris Müller die letzten Schuljahre in Magdeburg in der sich festigenden DDR. Kurz vor dem Abitur wurde sie wegen regimekritischer Äußerungen aus der Schule entlassen, konnte aber als künftige Studentin der evangelischen Theologie auf Anraten und mit Hilfe der Kirchenleitung in Magdeburg ihre Abiturprüfung in Westberlin ablegen. Dadurch jedoch war ihr der Zugang zu einer Universität verwehrt, und so begann Iris Müller, die aus einer wenig religiösen Familie stammte, ihr Theologiestudium am Katechetischen Oberseminar in Naumburg. Als sich die politischen Verhältnisse etwas lockerten, setzte sie ihr Studium an der Theologischen Fakultät in Halle/Saale fort, um Pastorin zu werden, obwohl sie der Katholizismus schon zu dieser Zeit faszinierte.

Ich bat Iris Müller, über diese Phase des Schwankens zwischen zwei Konfessionen zu berichten: »Nachdem ich in einem Kinderlandverschickungslager mitten im Krieg einen katholischen Gottesdienst besucht hatte, hat mich die katholische Kirche und Frömmigkeit nicht mehr losgelassen. So habe ich während des Studiums in Halle versucht, den katholischen Propst

zum Besuch unserer Probegottesdienste zu bewegen, damit er sich einen Eindruck darüber verschaffen konnte, daß in der evangelischen Kirche die Frauen gleichberechtigt mit den Männern das Pfarramt anstreben konnten. Der Versuch mißlang, die ökumenische Bewegung war, zumal in der DDR, noch völlig unterentwickelt.
Auch zu dem katholischen Studentenpfarrer im nahegelegenen Leipzig hatte ich Kontakt, und wir führten lange theologische Gespräche. Ich schätzte die sakramentale Gestalt in der katholischen Kirche, sie war nicht einseitig auf das Wort konzentriert. Nach Ende meines Studiums habe ich mich entschlossen, die Konfession zu wechseln. Dennoch war der Wunsch nach der Ausübung eines geistlichen Amtes in mir noch lebendig, und so mußte ich fortan mit einer schwer erträglichen Spannung leben: Ich war einerseits einer Konfession beigetreten, die der Frau die Weihefähigkeit fundamental absprach, andererseits wußte ich aufgrund meiner historisch-kritischen Schulung in den Bibelwissenschaften, daß die gegen die Frauenordination vorgebrachten Gründe nicht stichhaltig waren, so daß ich in der Haltung der katholischen Kirche eine schwere Diskriminierung des weiblichen Menschen sah. Mit meiner Einstellung zum Katholizismus überzutreten, war ungeheuerlich, denn spätere Konflikte waren vorprogrammiert. Meine Situation war deshalb besonders schwierig, weil ich als ehemalige Pfarramtsanwärterin Ansprüche stellte, die keine Katholikin auch nur zu denken wagte. Ich konnte demzufolge auch kaum Gesprächspartnerinnen finden und habe gemerkt, daß man die Konfession nicht wie ein Hemd wechselt. Eine zusätzliche Schwierigkeit bestand darin, daß ich als Theologin aufgrund des Kirchenrechts keine für mich angemessenen Berufsperspektiven hatte, und so stand ich nach meiner Konversion arbeitslos und schon in fortgeschrittenem Alter auf der Straße: Zwar war ich juristisch in die katholische Kirche aufgenommen worden, nicht aber als Mensch. Schließlich rieten mir wohlwollende Menschen, mich in den Westen abzusetzen, weil sie dort bessere Berufschancen für mich vermuteten.«

Der Weg in die Fremde

Sie haben die DDR demnach illegal verlassen?
»Ja, im Spätsommer 1959 zur Zeit der Massenfluchten aus der DDR. Ich stand nervös im Gang des überfüllten Zuges nach Ostberlin, bei einer Kontrolle hätte mein Koffer mit Zeugnissen meine Fluchtpläne verraten. Es

herrschte eine furchtbare Atmosphäre, doch zum Glück kontrollierte die Volkspolizei aufgrund des Amerikabesuchs des sowjetischen Ministerpräsidenten Chruschtschow nicht sehr streng. Die sowjetische Militärpolizei war jedoch auf der Suche nach russischen Deserteuren. Nach allen Kontrollen fuhr der Zug endlich weiter. Als es in der S-Bahn in Ostberlin hieß: ›Sie verlassen jetzt den sozialistischen Sektor‹, habe ich mich zum letzten Mal mit Angst nach der Bahnpolizei umgeschaut.

Die ersten Tage nach der Flucht verbrachte ich im Jesuitenkolleg in Berlin-Charlottenburg; den Kontakt hatte der mir aus Halle/Saale bekannte Studentenpfarrer hergestellt. Danach kam ich in das Flüchtlingslager in Berlin-Marienfelde, von wo aus meine Ausreise nach Westdeutschland vorbereitet werden sollte. Nach langen Aufnahmeprozeduren wurde ich nach Köln ausgeflogen, scheiterte aber bei meinen Versuchen, mir als Aushilfskraft das so dringend benötigte Westgeld zu verdienen. Schließlich kam ich in einem Kloster unter, die Nonnen hatten aber weder Ahnung von der DDR noch von den Problemen einer zum Katholizismus konvertierten angehenden Pastorin. Weil ich allein und mittellos dastand, ließen sie mich für das Kloster arbeiten: Ich mußte die Kirche putzen. Nach mehreren Ortswechseln und der Verrichtung verschiedener Gelegenheitsarbeiten gelang es ein paar Lehrerinnen, mit denen ich Bekanntschaft gemacht hatte, mir zum Sommersemester 1960 eine Studienmöglichkeit in Münster zu verschaffen. Dort kümmerte es allerdings niemanden, mit welchen finanziellen Voraussetzungen und geistigen Vorprägungen ich mein zweites Theologiestudium begann, selbst dem Professor für ökumenische Theologie konnte ich mich nicht verständlich machen.«

Weist das auf eher bittere Erfahrungen im Studium voraus?

»Ja, denn ich war von Anfang an eine ›katholische Protestantin‹. In einer moraltheologischen Veranstaltung, die fast nur von Priesteramtskandidaten besucht war, bekam ich zu hören, daß Frauen von ihrem Wesen her typische Hintergrundsgestalten seien und deswegen unfähig, bestimmte Wissensgebiete zu studieren, erst recht aber unfähig, von der Kanzel zu predigen. Die wenigen Studentinnen schrieben das widerspruchslos mit, ich aber protestierte: ›Wenn eine Frau eine Begabung hat, soll sie sie im Studium ausbauen. Verwehrt man ihr das, so kämpft sie darum.‹ Der Professor war konsterniert und erwiderte: ›Es ist doch nicht schlecht, was ich sage.‹ Ich antwortete: ›Mit gut oder schlecht hat das nichts zu tun, sondern mit richtig oder falsch, und Ihre Aussagen sind falsch.‹ Aufgrund solcher Äußerungen stempelten mich die Professoren als ›Studentin mit phantastischen Ideen‹ ab.

Ein beglückendes Erlebnis hingegen war die Begegnung mit meiner späteren Freundin und Lebensgefährtin Ida Raming. Sie war jedoch die einzige Studentin, die mich überhaupt anhörte und imstande war, sich mit meiner Kritik an der Stellung der Frau in der Kirche auseinanderzusetzen. Weiterhin war erfreulich, daß Prof. P. J. Keßler, der damalige Kirchenrechtler, mir half, mich in meiner neuen Umgebung zurechtzufinden. Als Dekan wendete er die Gefahr ab, daß man mir die Gelder aus dem Honnefer Modell, damals meine einzige Einnahmequelle, aufgrund meiner Kritik an der sogenannten Ordinationsunfähigkeit der Frau entzog. Dennoch belastete mich die Frage der späteren Berufswahl weiterhin stark. Ich wußte genau, daß ich stets gegen die furchtbare Vorschrift ›Die heilige Weihe empfängt gültig nur ein getaufter Mann‹ (CIC/1983 can. 1024) um der Menschenwürde der Frau willen kämpfen würde. Schließlich geht es nicht an, daß Frauen als ›weiheunfähiges Wesen‹ mit Tieren und toten Gegenständen auf eine Stufe gestellt werden. Um meinem Kampf mehr Nachdruck zu verleihen, beschloß ich, das Studium mit dem Doktorgrad zu beenden.«

Sie müssen eine der ersten Studentinnen gewesen sein, die dieses Ziel erreicht hat.

»Ja, aber es war für Frauen in den frühen sechziger Jahren so ungewöhnlich, ein Dissertationsthema zu bekommen, daß ich fünf Semester benötigt habe, eines zu erhalten. Da ich mich auch auf dem Gebiet der Altorientalistik weitergebildet hatte, wählte ich die Disziplin Altes Testament und konnte 1968 meinem Doktorvater meine Arbeit über die Prophetie gegen die Fremd- und Feindvölker Israels vorlegen. Allerdings hatte ich mich gründlich darin geirrt, daß mein ständiges Zeugnis von der menschenunwürdigen Lage der Frau in der Kirche Impulse zum Umdenken hervorrufen würde. Als Volltheologin ohne weltliches Nebenfach stand ich weiterhin vor beruflichen Dauerschwierigkeiten.«

Das Projekt »Stellung der Frau in den Religionen«

»Trotz der Promotion stellte sich mir wiederum die Frage nach meiner materiellen Existenzgrundlage. Ich versuchte zunächst in der Fakultät eine Stellung zu finden. Man gab mir eine studentische, später eine wissenschaftliche Hilfskraftstelle. Die Verträge waren stets befristet, und meine Versuche, die Stelle zu stabilisieren, schlugen fehl. Schließlich bekam ich die Verwaltung einer wissenschaftlichen Assistentenstelle im Fachgebiet Altes Testament, wurde aber im Jahr 1975 arbeitslos. Als Schwerbehinderte – ich hatte mich zahlreichen Nierenoperationen unterziehen müssen – hatte ich Recht auf Kündigungsschutz und zog vor das Arbeitsgericht Münster, das schließlich urteilte, mit mir seien sittenwidrige Kettenverträge abgeschlossen worden, weswegen ich in der letzten Stelle unbefristet weiter zu beschäftigen sei. Die Universität leistete dem Urteil Folge, die Professoren der Fakultät versuchten jedoch, den Gerichtsentscheid zu unterlaufen, indem sie zunächst eine Zusammenarbeit mit mir ablehnten.«

Ich vermute, das hat Sie erst recht angespornt, weiter um die Stellung der Frau im Katholizismus zu kämpfen.

»Ja, selbstverständlich. Nach längeren Verhandlungen mit der Fakultät ist es mir gelungen, im Seminar für Religionswissenschaft unterzukommen, wo ich schließlich das Arbeitsgebiet ›Stellung der Frau im Islam‹ zugewiesen bekam. Aufgrund meiner Erfahrungen als Theologin wußte ich nur zu gut, daß die Frage nach der Stellung der Frau in den Religionen ein hochaktuelles Forschungsgebiet ist, und begann, eine Schwerpunktbibliothek zur Frau im Islam aufzubauen. Als das Material angewachsen war, versuchte ich mit Hilfe des dienstvorgesetzten Professors Islamwissenschaftlerinnen zu gewinnen, die auf der Grundlage meiner Literatur Fallstudien in islamischen Ländern initiieren sollten. Da ich auf taube Ohren stieß, blieb mir nur übrig, die Materialsuche auf mein Fachgebiet auszuweiten und somit einen zweiten Schwerpunkt einzurichten. Daneben betrieb ich Öffentlichkeitsarbeit, und dadurch wurde meine Bibliothek in der ganzen Bundesrepublik bekannt. Trotz des stetigen Anwachsens des Literaturbestandes gelang es mir nicht, meinen Vorgesetzten von der Wichtigkeit meines Unternehmens zu überzeugen. Aufgrund meiner abhängigen Position konnte ich lediglich die Voraussetzungen für weiterführende religions- und kulturvergleichende Forschungen schaffen – allein war ich schließlich nicht in der Lage, solche Projekte in Angriff zu nehmen. Man kann sagen, daß ich in Münster die erste Theologin gewesen bin, die eine Institutionalisierung der Frauenforschung gefordert hat. Vom Fachbereich ist mein Anliegen jedoch abgelehnt worden. Erst als andere Theologinnen vergleichbare Forderungen stellten, wurde die Fakultät wach: Man begann eine Bibliothek für ›Feministische Theologie‹ einzurichten. Auf diese Weise entstanden am Fachbereich für katholische Theologie zwei Bibliotheken: die von mir aufgebaute (›Frau in den Religionen‹) und daneben eine Bibliothek für »Feministische Theologie«. Das wirkte sich zu Ungunsten der älteren, schon ausgereiften Bibliothek aus. Zudem erlitt ich im Frühjahr 1987 einen Schlaganfall und konnte die Geschicke meiner Bibliothek nur unter größten Mühen und gegen den Rat der Ärzte weiterhin lenken. Trotz meiner ernsten gesundheitlichen Probleme wurde ich nicht müde, für meine Anliegen zu kämpfen. Es waren schwere Jahre bis zur Erreichung des Ruhestandes. Von dieser Zeit an war die Forschungsanlage unsachgemäßer Behandlung ausgeliefert: Gemeinsam mit Theologinnen des sog. Beirats für Feministische Theologie veranlaßte Frau Dr. Marie-Theres Wacker als Vertreterin des Lehrstuhls für theologische Frauenforschung im Jahre 1995, daß die Literatur des Schwerpunktes »Stellung der Frau im Christentum« aus der Bibliothek »Frau in den Religionen« herausgenommen und in die Bibliothek »Feministische Theologie« integriert wurde. Damit ist ein schwerer Eingriff in die Forschungslage und das dazugehörige Katalogsystem geschehen. Hier wirkte sich meine abhängige Stellung als wissenschaftliche Mitarbeiterin in der wissenschaftlichen Hierarchie verhängnisvoll aus. Ich muß heute sagen, daß ich einem patriarchalischen Wissenschaftsbetrieb ausgeliefert war, der religions- und kulturvergleichende Frauenforschung nur sehr mangelhaft gefördert hat.«

Feministische Theologie heißt »mehr aufbieten«

Eines Ihrer Bücher haben Sie Ida Raming und »allen Pionierinnen, die gegen Frauendiskriminierung ihre Stimme erhoben haben, als es noch nicht Mode war, und die darum noch heute leiden müssen« gewidmet. Diesen Worten entnehme ich eine Enttäuschung auch über feministische Frauen.

»Ja, ich habe erleben müssen, daß katholische feministische Theologinnen die Minderbewertung der Frau in ihrer Kirche nicht als einen Angriff auf ihre Menschenwürde empfinden. Sie bekämpfen ihre Diskriminierung daher nicht konsequent, sondern vertreten einen Feminismus, mit dem sie noch ungehindert eine universitäre Laufbahn aufbauen können, d. h. um ihrer Karriere willen setzen sie sich nicht für das Thema Frauenordination ein. Meiner Ansicht nach müßten Theologinnen, die Feministinnen sein wollen, erheblich mehr aufbieten, denn die Lage der Frauen erfordert es.«

Sie schreiben außerdem: »Die täglich erfahrbare Härte (...) in den Institutionen einer patriarchalischen Gesellschaft fordert dazu heraus, dieses ›Mehr‹ aufzubieten – ob es den Frauen um dieses ›Mehr‹ überhaupt geht, müssen sie erst noch unter Beweis stellen.«

»Ja, das ist ein Spiegel meiner traurigen Erfahrung mit vielen Frauen, die für einen Kampf um Gleichrangigkeit und Gleichberechtigung schlecht gerüstet sind. Ich möchte das an einigen Beobachtungen festmachen: 1. Das den Frauen jahrhundertelang antrainierte Harmoniestreben verhindert, daß sie ihren Aussagen den machthabenden Männern gegenüber Kraft und Nachdruck verleihen. 2. Die meisten katholischen Frauen zweifeln die Vorrangstellung des Mannes kaum an. 3. Aufgrund ihres weiblichen Rollenverständnisses trauen sie sich Eigenschaften wie physische Stärke oder Durchsetzungsfähigkeit kaum zu. 4. Frauen können Geschlechtsgenossinnen in Machtpositionen schwer ertragen und legen ihnen Hindernisse in den Weg.«

Nun wandten aber einige Frauen ein, daß durch die Ordination von Frauen keine wirkliche Befreiung erreicht würde, weil die Kirche ohnehin patriarchal strukturiert sei.

»M.E. sind das Vorwände, damit sie den Kampf um die Zulassung von Frauen zu den Ämtern nicht aufnehmen müssen. Andersherum bekunden sie damit, daß sie mit dem Ausschluß der Frauen vom Priesteramt gut leben können und im Grunde genommen nicht nach der vollen Gleichberechtigung verlangen.«

Wie beurteilen Sie demgegenüber die Situation der eher universitären feministischen Theologie?

»Viele Theologinnen beider Konfessionen fordern Lehrstühle für feministische Theologie an deutschen Hochschulen. Sie wollen, daß der Feminismus zu einer eigenständigen Fachdisziplin innerhalb der Theologie erhoben wird. Dem steht auf katholischer Seite aber das traditionelle Verständnis von Theologie als Glaubenswissenschaft entgegen. Die katholische Theologie kann und darf nur im Einklang mit dem Lehramt der Kirche gelehrt werden. Deshalb wendet sich die Kirchenleitung gegen die Errichtung von feministisch-theologischen Lehrstühlen.

Die Folge ist, daß Professorinnen, die sich als feministische Theologinnen verstehen, an katholischen Fakultäten in Forschung und Lehre nur sehr begrenzte Freiheiten genießen. Im Grunde genommen müßte aus dem Geist des Feminismus eine gründliche Strukturreform in den Universitäten erfolgen, so daß den promovierten Frauen (und Männern) mehr Rechte in Forschung und Lehre zukämen.«

Würden Sie Ihr Leben noch einmal in ähnlicher Weise gestalten, wenn Sie die Gelegenheit dazu bekämen?

»Das ist eine irreale Frage, weil jeder Mensch durch den Zeitpunkt seiner Geburt auf ein bestimmtes soziokulturelles Milieu festgelegt wird. Mir ist klar, daß unser Kampf heutigen Theologinnen Berufsmöglichkeiten eröffnet hat, die uns selbst noch völlig verschlossen waren. Aus unserem bisherigen Gespräch geht aber auch hervor, daß es uns um mehr gegangen ist als um die Bereitung des Bodens für Hochschulkarrieren von Frauen.«

Wie sehen Sie in Ihre Zukunft?

»Die Theologinnen der ersten Generation müssen der Tatsache ins Auge blicken, daß sie älter geworden sind und die vollen Früchte ihres Kampfes wohl kaum noch selbst sehen werden. Ich habe getan, was ich konnte, um das Frauen zugefügte Unrecht zu benennen und zu bekämpfen. Wenn jüngere Frauen aufgreifen, was ich mit meinem Forschungsprojekt intendiert habe, und konsequent den Kampf für die Frauenordination aufnehmen, ist erreicht, wovon ich nur träumen konnte.«

Ulrike Sals

(Geb. 1971. Studium der Germanistik, evangelischen Theologie und Anglistik von 1991-1997 in Paderborn. Studienschwerpunkte: Prophetie, Biblische Hermeneutik, Ästhetiktheorie, Judaistik und dt. Literatur des Hoch- und Spätmittelalters. Sie arbeitet zur Zeit an ihrer Dissertation zur Biographie der »Hure Babylon«.)

Auswahlbibliographie

1968: Die Wertung der Nachbarvölker Israels: Edom, Moab, Ammon, Phistäa und Tyrus/Sidon nach den gegen sie gerichteten Drohsprüchen der Propheten (Diss. Masch). – 1985: Fremd und heimatlos in der Männerkirche, in: N. Sommer (Hg.), Nennt uns nicht Brüder, Stuttgart, S. 65-72. – 1990: Ziele und Anliegen der Feministischen Theologie – unter besonderer Berücksichtigung des Alten Testaments, in: »Ihr seid alle Brüder«, hg.v. L. Hagemann u. E. Pulsfort, Weinheim, S. 475-507. – 1996: Stellung der Frau im Recht altorientalischer Kulturen und Altägyptens. Eine Bibliographie mit einleitenden Texten. Weinheim. – 1998: Iris Müller, Ida Raming u.a., Aufbruch aus männlichen »Gottesordnungen«. Reformbestrebungen von Frauen in christlichen Kirchen und im Islam, Weinheim.

»Erst physisches, dann geistiges Vagabundieren«

Christa Mulack

1943 geboren; aufgewachsen in Hamburg; Banklehre; Literaturstudium in England und Frankreich; Dolmetscherinnenexamen; 1973 Lehramtsstudium mit den Fächern Englisch und Evangelische Religionslehre an der Ruhruniversität Bochum; 1978 Referendariat, anschließend Eintritt in den Schuldienst; 1983 Promotion; 1984-1993 freiberufliche Tätigkeit als Theologin und Buchautorin; 1993 Rückkehr in den Schuldienst, Fortsetzung der freiberuflichen Tätigkeit; Christa Mulack lebt in Hagen.

Der Weg zur Theologin

Christa Mulack, Autorin des in den achtziger Jahren innerhalb der feministischen Theologie vieldiskutierten Buches »Die Weiblichkeit Gottes«, zugleich ihre Dissertation, führt ein bewegtes Leben. Auf die Frage, was sie außer Bücher schreiben und Unterricht geben sonst noch gerne tue, antwortet sie ohne Zögern: »Rumzigeunern.« Sie sei gerne unterwegs, erzählt sie, und genau dies ist der Eindruck, den ich während unseres dreistündigen Gesprächs am 26.6.1997 bei ihr zu Hause in Hagen in bezug auf ihre äußere Lebensgestaltung und ihre Auseinandersetzung mit feministisch-theologischen Themen über sie gewonnen habe. Eine »erklärte Vagabundin« gelangt nicht auf direktem Wege zum Studium der evangelischen Theologie. Auftakt zu ihrem Theologiestudium bildete das Seminar »Einführung in das Judentum«, das mit einer sechswöchigen Israelreise gekoppelt war. Eine Freundin hatte sie auf die Veranstaltung aufmerksam gemacht, und sie sagte nur allzu gerne zu, denn, so erklärt sie: »Ich war ja auf meinem Reisetrip.« Vorausgegangen war eine zehnjährige Wanderschaft, die Christa Mulack unter das folgende Motto stellt: »Ich wollte die Welt sehen, mein Beruf war mir ziemlich wurscht. Ich habe bis zu meinem 30. Lebensjahr keine feste Wohnung gehabt, mir war ein Auto wichtiger. Ich mußte mich fortbewegen können.« Die Mutter zeichnet dafür verantwortlich, daß ihre Tochter nach der Schule eine Banklehre absolviert hat.
Nach der Lehre aber zog es sie in die Ferne. Sie ging nach England, nahm dort, eher ihren Neigungen entsprechend, ein Literaturstudium auf und

wiederholte das ganze in Frankreich. Zurück in Deutschland, nutzte sie ihre sprachlichen Fähigkeiten und legte ein Dolmetscherinnenexamen ab, worauf sie eine Weile als freie Übersetzerin für verschiedene Firmen und Einrichtungen arbeitete. Ein paar Jahre Berufserfahrung führten Christa Mulack zu folgendem Resümee: »Ich habe gedacht: Was du früher mit Zahlen gemacht hast, das machst du jetzt mit Worten. Da hättest du auch bei der Bank bleiben können.«

1973, im Alter von 30 Jahren, begann Christa Mulack ein Lehramts- und Diplomstudium an der Ruhruniversität Bochum. Der relativ späte und eher zufällige Zugang zur Theologie bedeutet nicht, daß sie sich nicht schon früher mit theologischen Fragen beschäftigt hätte. Während ihrer Kindheit läßt sich dieses Interesse allerdings noch nicht verzeichnen; Christa Mulack berichtet, das Aufwachsen unter Baptisten in Hamburg habe das Aufkeimen religiöser Fragestellungen nicht eben gefördert. In dieser Lebensphase erfuhr sie eine andere, für ihre spätere Tätigkeit als Theologin und freie Schriftstellerin sehr wesentliche Prägung: »Für mich waren als Kind Märchen sehr wichtig. Das merke ich zunehmend, weil ich mich heute ja wieder neu – auf einer anderen Ebene natürlich – mit Märchen auseinandersetze, aber was mir Märchen als kleines Mädchen gegeben haben, ist nicht zu unterschätzen. Das ist es, woraus ich schöpfe. Und das war, noch bevor irgendeine religiöse Erziehung greifen konnte.«

Ihr eigentliches Theologiestudium verlief reibungslos, sie kennzeichnet diese Phase ihres Lebens mit den Worten: »Ich fand alles so interessant.« Sie habe Verhältnisse vorgefunden, in denen sie ungehindert ihren Interessen und Themen habe nachgehen können.

Das Studium wurde von einer »sehr intensiven Beziehung« zu einer Feministin begleitet. Eine kleine Episode aus dieser Zeit verrät, was Christa Mulacks weiteres Denken als Theologin kennzeichnen würde: ihre Vorbehalte gegenüber dem Gleichheitsfeminismus. Als die Freundin ihr ein ›Emma‹-Abonnement zum Geburtstag schenken wollte, reagierte Christa Mulack äußerst unwirsch. Sie persönlich halte den dort vertretenen Gleichheitsansatz für falsch: »Wenn wir uns wie Männer verhalten, werden wir ›den Bach runtergehen‹. Männer können für Frauen kein Vorbild sein. Vielmehr sollte es umgekehrt sein!«

Die Passagen unseres Gesprächs, die sich dem Studium widmen, enthalten einige Hinweise darauf, daß ein von Christa Mulack in einem anderen Zusammenhang geäußerter Satz auch hier schon Geltung gehabt haben dürfte: »Ich kann sehr konstruktiv mit meiner Wut umgehen.« So etwa rief ein Didaktikprofessor, der sich ihrer Einschätzung zufolge durch aggressives und erzkon-

servatives Gehabe ausgezeichnet habe, lediglich ihre Gegenwehr hervor: »Anfangs war er empört, wenn ich meine ketzerischen Sachen vorbrachte. Nachher kannte er es schon, und wir haben uns immer gegenseitig angestachelt.«
Selbst der spätere Doktorvater, Paul Schwarzenau, der »einen weiten Blick hatte, sehr tolerant war und Themen behandelte, die weit über das Normale hinausgingen« – Christa Mulack nennt Religionspsychologie, Religionssoziologie und Buddhismus – ist vor der harschen Auseinandersetzung mit ihr nicht gefeit: »Als ich noch nicht sicher war, ob ich die Dissertation schreiben sollte, hat er einen Vortrag über die Kabbala und den Sefirothbaum gehalten und erklärte mit Elan: ›Die Chokmah, das ist die Weisheit, der logos spermatikos, der Urstoff, aus dem alles entstanden ist.‹ Er erging sich förmlich in seinem logos spermatikos, und ich fragte mich, seit wann die Sophia und der Logos dasselbe sind. Er trug in so androzentrischer Art vor, daß ich erschrocken war. Gegen Ende der Diskussion habe ich ihn mit Fragen bombardiert. Schwarzenau hat sich nur noch gesetzt, die Veranstaltung beendet und mich aufgefordert: ›Geben Sie mir doch endlich mal etwas schriftlich.‹ Darauf habe ich gedacht: ›So, jetzt schreibe ich.‹«
Die Frage, wer oder was sie darüber hinaus angetrieben habe, wissenschaftlich tätig zu werden, beantwortet Christa Mulack knapp und unmißverständlich: »Niemand. Es war die *Weiblichkeit Gottes*.« Im weiteren führt sie zur Entstehung ihrer Dissertation aus: »Ich hatte überhaupt keinen Ehrgeiz und wollte auch gar nicht promovieren, mich hat mein Wissensdurst geleitet. Mit dem Doktortitel wollte ich nichts machen, ich habe keine Ambitionen gehabt, Dozentin an einer Universität zu werden.« Die Arbeit an der Dissertation fand unter erschwerten Bedingungen neben ihrer Tätigkeit an der Schule statt: »Ich hatte eine volle Stelle. Ich weiß heute gar nicht, wie ich das geschafft habe. Ich habe aber auch wirklich zwei Jahre lang keine Einladung angenommen, kein Kino, kein Urlaub, nichts. Jede Nacht habe ich bis drei Uhr durchgearbeitet und bin nur aus Vernunftgründen ins Bett gegangen, nicht weil ich müde war.«

Die freiberufliche Tätigkeit

Das Vorhaben, ihren Doktortitel nicht für eine Hochschulkarriere im klassischen Sinn nutzbar zu machen, hat Christa Mulack auf ihrem weiteren Lebensweg als freiberufliche Theologin verwirklicht. Im Anschluß an ihre Promotion ließ sie sich – in Etappen – für neun Jahre vom Schuldienst freistellen und machte in dieser Zeit verschiedentlich Erfahrungen mit

einer an universitäre Strukturen angebundenen feministischen Theologie: »Ich habe Lehraufträge angenommen, weil mich studentische Vertreterinnen gebeten haben, aber ich habe bald gemerkt: ›Nein, du gehörst nicht zu denjenigen, die meinen, daß die feministische Theologie ihr Heil an der Universität findet, schon allein dieser Rhythmus ist pervers‹. Und immer kommt jemand zu spät, dafür gehen manche noch während des Seminars. Ich habe mich oft gefragt: ›Wo bin ich denn hier eigentlich?‹«
Christa Mulack hält wenig davon, feministisch-theologische Fragestellungen aufzugreifen, »weil man ein Studium absolvieren will, denn es geht nur auf einer freiwilligen Basis. Feministische Theologie kann kein Pflichtstudium sein.« Es sind die üblichen Rahmenbedingungen an einer Universität – das »Hauruck-Verfahren« des Anderthalb-Stunden-Taktes, das »Aufdrükken von Referaten« und die übergroßen Veranstaltungen – die nach Christa Mulack vielleicht sogar verhindern, daß bei den einzelnen Frauen »etwas aufbricht«. Sie bedauert außerdem, daß universitäre Veranstaltungen öffentlich sind und daher auch von Männern wahrgenommen werden können: »Es ist für Frauen einfach schädlich, denn Frauen sind andere, wenn Männer dabei sind.« Sie erläutert: »Der jüdische Tempel ist ein Abbild der Seele: Er hat einen Frauenhof, einen Männerhof und einen Vorhof der Heiden, in dem alle herumtrampeln, und dann kommt das Allerheiligste. Die Universität ist so etwas wie ein Vorhof der Heiden. Wenn ich ein Stück weiter in die feministische Theologie gehe, komme ich in den Frauenhof, aber dann muß ich den Vorhof der Heiden verlassen. Die Männer sollen sich erst einmal allein mit der feministischen Theologie befassen.«. Wenn Männer und Frauen sich gemeinsam mit derselben Materie beschäftigen, gerieten die Frauen sofort ins Hintertreffen.
Die Skepsis Christa Mulacks gegenüber einer universitären Anbindung wirkt sich dahingehend aus, daß eine gewisse Distanz zu feministischen Theologinnen, die an Hochschulen und Akademien tätig sind, im Verlaufe unseres Gesprächs immer wieder durchscheint.
Sie dagegen begibt sich auf die Suche nach Formen, innerhalb derer feministisch-theologische Anliegen besser vermittelt werden können: »Erkenntnis hat immer etwas Therapeutisches. Sie hat stets mit der existentiellen Situation zu tun.« Abendvorträge und Tagesseminare hält Christa Mulack auch nicht für ideal: »Am besten sind natürlich Wochenenden oder noch längere Seminare, wo man ›ins Unreine‹ sprechen kann. Daß das Publikum mich als Menschen erlebt, ist sehr wichtig. Es muß die Gelegenheit haben, zu spüren, daß das, was ich sage, nicht etwas ist, was ich auswendig gelernt oder einstudiert habe.« Christa Mulack will mit ihren Veranstaltun-

gen »ein Stück Zusammenleben gestalten, aber das heißt nicht, daß ich gleich einen Beginenhof haben muß.« Der Rückzug in das eigene Zuhause soll möglich bleiben.

Ihre feministisch-theologische Position zu beschreiben, liegt nicht ganz in ihrem Interesse: »Ich bin hundert Sachen. Ich bin feministische Theologin, Thealogin, Theasophin und Matriarchatsforscherin.« Außerdem möchte sie den Weg, den die feministische Theologie ihrer Meinung nach gehen müßte, nicht umreißen. Sie sagt schlicht: »Gar nichts müßte. Ich bin für mehr Freiheit. Ich will überhaupt nichts festschreiben.« Unerbittlich bleibt sie dagegen in einem Punkt: »Wenn feministische Theologie nicht zur Göttin führt, dann ist sie für mich keine feministische Theologie. Daß Frauen gelernt haben, das Göttliche in männliche Symbole zu verpacken, ist schlimm. Jede feministische Theologie müßte von Anfang an radikal sagen: ›Das Männliche hat abgewirtschaftet als Symbol für Göttlichkeit.‹«

Demzufolge enthält sich Christa Mulack eines, wie sie es nennt, »Abarbeitens am Patriarchat«; ihr gehe es um die Auseinandersetzung mit dem Matriarchat. In diesem Zusammenhang bestätigt sie, daß ihr der jüdische Spruch »Das Geheimnis der Erlösung heißt Erinnerung« immer wichtiger geworden sei: »Erinnern ist Hochholen aus der Kindheit: Ich habe schon als Mädchen das Gefühl gehabt, daß mit der Stellung der Frau in der Religion etwas nicht stimmt. In meinem ›Jesusbuch‹ habe ich überwiegend Dinge geschrieben, die ich bereits als Elfjährige ganz klar erkannt habe. Ich hatte nicht die Worte, das ist klar, aber ein untrügliches inneres Wissen.« Dies sei ein Beispiel für ihre kreisförmigen Erkenntnisprozesse: »Wenn ich wieder am Anfang bin, weiß ich, daß etwas abgeschlossen ist.« Begleitet werden ihre Überlegungen stets von der Auseinandersetzung mit der biblischen Weisheit: »Die Weisheit zieht sich immer weiter durch. Sie bleibt.«

Christa Mulack führt aus, daß ihre frauenorientierte Lebensweise – »ich verheimliche nicht, daß ich immer in Frauenbeziehungen gelebt habe« – ihre Theoriebildung stets beeinflußt habe: »Es ist völlig klar, daß die Zusammenhänge, in denen ich lebe, bestimmen, wie weit ich denken darf.« So etwa meldet sie sich in unserem Gespräch bezüglich der Abtreibungsdebatte wie folgt zu Wort: »Immer wenn ich dieses ›Mein Bauch gehört mir‹ hörte, habe ich gesagt: ›Mensch, meine Vagina gehört mir!‹ Ich konnte einfach nicht verstehen, daß Frauen immer wieder mit Männern schlafen und dann nach Holland fahren und abtreiben. Ich sagte: ›Was tut ihr eurem Körper an? Welcher Mann ist das denn wert?‹« Auf meinen Einwand, solche Äußerungen könnten heterosexuell lebende Frauen möglicherweise verletzen, erwidert Christa Mulack: »Wie kann verletzen, was ich für mein persönliches

Leben entscheide? Wenn ich etwas von mir persönlich sage, wie kann sich eine andere Frau verletzt fühlen?«
Ähnlich überzeugt von der eigenen Position zeigt sie sich gegenüber den Antijudaismusvorwürfen, die sowohl von christlicher als auch von jüdischer Seite an sie herangetragen werden: »Mittlerweile sind wir alle übervorsichtig in bezug auf den Antisemitismusverdacht. Wir dürfen ja nichts mehr sagen. Meine Bücher sind angeblich antisemitisch. Auch von jüdischer Seite werden Sachen behauptet, die nicht stimmen. Ich sage z.B. nicht, daß das Judentum das Patriarchat in die Welt gebracht hat. Das ist absoluter Blödsinn, denn ich zeige genausogut die Patriarchalismen in den anderen Religionen auf.« Dem ihrer Ansicht nach ungerechtfertigten Antijudaismusvorwurf begegnet sie selbstbewußt: »Ich schreibe, und mein nächstes Buch wird als antisemitisch angeprangert werden, das weiß ich schon jetzt. Etliche der universitär angebundenen Frauen tun ja auch alles, um dieses Vorurteil weiter zu schüren.« Sie erklärt in diesem Kontext: »Ich habe diese Sicherheit, weil ich auch Jüdinnen kenne, die meine Bücher gelesen und nicht für antisemitisch befunden haben.«

Die Theologin als Religionspädagogin

Die Tätigkeit als freiberufliche Theologin und als Buchautorin ermöglichte es Christa Mulack zwar, eigene Formen des Lernens in der Gemeinschaft von Frauen zu entwickeln, blieb aber dennoch mit ein paar Wermutstropfen verbunden. So berichtet sie etwa von Negativerfahrungen während einer ihrer Seminarreisen nach Çatal Hüyük: »Die Frauen haben eine Studienreise mit einer Kaffeefahrt verwechselt und verhielten sich nach folgender Devise: ›Ja, in der Türkei, da kann man gut einkaufen.‹ Es war schrecklich.« Weiterhin berichtet sie, die finanzielle Förderung feministisch-theologischer Veranstaltungen sei nach dem Fall der Mauer zurückgegangen. All dies habe sie dazu geführt, sich auf die Suche nach einem zweiten Standbein zu begeben und mit einer halben Stelle an die Schule zurückzukehren. Sie erklärt, daß es ihr Sicherheit vermittle, nicht jede Fortbildungsveranstaltung annehmen zu müssen. Ihr Denken sei so niemals finanziellen Überlegungen unterworfen.
Die jahrelange wissenschaftliche Auseinandersetzung mit theologischen Fragen zeitige Auswirkungen auf ihren Unterrichtsstil, bemerkt Christa Mulack: »Ich thematisiere selbstverständlich Frauen in der Bibel und gebe mein theologisches und religionswissenschaftliches Wissen voll an die Schülerinnen und Schüler weiter. Da ich auf einem Gymnasium unterrichte, ist

das möglich. Dabei steht selbstverständlich die Göttin neben Gott im Unterricht was manche Schülerinnen (und Mütter) freut, für andere aber schwer zu verkraften ist. Am Anfang hat es ziemlichen Aufruhr gegeben, aber der hat sich im Laufe der Zeit gelegt. Inzwischen wissen alle, wofür ich stehe – und meine Schulreferentin stärkt mir den Rücken, nachdem ich vor Ort einige Seminare zur Ausbildung von Religionslehrerinnen (Lehrer sind nicht gekommen) abgehalten habe.«

Da meine Gesprächspartnerin sowohl auf wissenschaftlichem als auch auf pädagogischem Gebiet arbeitet, legte sich für mich die Frage nahe, ob sie sich auch als Publizistin religionspädagogischer Bücher würde betätigen wollen, die insbesondere der Mädchenerziehung verpflichtet sind. Dazu Christa Mulack: » Es soll eines meiner nächsten Projekte werden. Ich möchte Hinweise für einen feministischen Religionsunterricht geben und Mythen für Mädchen nacherzählen.«

Was sie zur Zeit zurückstellen müßte, ist die Arbeit an einem Arbeitsbuch über Väter und Töchter, das die Patriarchalisierungsmuster herausarbeitet, die Mädchen in dieser Beziehung erfahren. Sobald das beendet ist, will sie sich dem Thema Mädchenerziehung widmen.

Ilka Struck

(Geb. 1966. 1987-1994 Studium der Katholischen Theologie und der Germanistik für das Lehramt an den Sekundarstufen I und II. Seit 1994 Wissenschaftliche Angestellte am Lehrstuhl für Systematische Theologie an der Universität-Gesamthochschule Paderborn. Arbeit an einer Dissertation zum Bereich »Theologie und Literatur«.)

Auswahlbibliographie

1983: Die Weiblichkeit Gottes. Matriarchale Voraussetzungen des Gottesbildes, Stuttgart. – 1985: Maria. Die geheime Göttin im Christentum, Stuttgart. – 1987: Jesus – der Gesalbte der Frauen, Stuttgart. – 1988: Im Anfang war die Weisheit. Feministische Kritik des männlichen Gottesbildes, Stuttgart. – 1990: Natürlich weiblich. Die Heimatlosigkeit der Frau im Patriarchat, Stuttgart. – 1993: ... und wieder fühle ich mich schuldig. Ursachen und Lösung eines weiblichen Problems, Stuttgart. – 1996: Die Wurzeln weiblicher Macht. Frauen leben ihre Stärke, München. – 1998: Religion ist zu wichtig, um sie den Männern zu überlassen. Die Göttin kehrt zurück, Stuttgart.

Kämpfen für die Anerkennung der Menschenrechte der Frau in der Kirche

Ida Raming

Geboren 1932 in Fürstenau/Hannover; Studium der Philosophie, Pädagogik, katholischen Theologie und Germanistik in Münster und Freiburg/Br.; Staatsexamen für das Lehramt an Gymnasien; 1970 Promotion in kath. Theologie; Wiss. Assistentin am FB Kath. Theologie/Uni Münster; Lehrtätigkeit im gymnasialen Schuldienst und in der Erwachsenenbildung; Arbeit auf dem Gebiet der historisch-theologischen Frauenforschung und der Feministischen Theologie, in der Sektion »Feministische Theologie« der Zeitschrift Concilium; Initiatorin und Mitbegründerin des Vereins »Maria von Magdala«, Mitglied der ESWTR, des KDFB, der WOC/USA und des bundesweiten Netzwerkes »Diakonat der Frau«. Zahlreiche Veröffentlichungen zu den Themengebieten: Geschichte der kirchlichen Frauenbewegung, Wertung und Stellung der Frau in Geschichte und Gegenwart der (kath.) Kirche.

Der Sperling findet ein Dach und die Schwalbe ein Nest,
ihre Jungen darin zu bergen –
meine Heimat sind Deine Altäre, ein König Du und mein Gott! ...
Sonne und Schild bist Du, mein Gott!
(nach Ps 83,4)

»Aber Ida! Als Mädchen!«

Diesen Satz bekam die junge Ida schon in der Schule von einer Ordensschwester zu hören, als sie unbeschwert pfeifend die Treppen hinuntersprang und nicht einsah, was sie wohl falsch gemacht haben könnte.
Als letzte von fünf Töchtern eines katholischen Elternhauses in einer ländlichen Gemeinde geboren, wuchs Ida Raming in einem sehr von der Kirche geprägten Lebensumfeld auf. Trotzdem waren die Eltern eher liberal eingestellt und nicht übermäßig kirchlich gebunden, sondern wohl selbst durch die Enge in der Kirche belastet. Auch hätten sie – nach vier Töchtern – gern einen Sohn gehabt: »Ich hätte eigentlich ein Junge werden sollen«, und als wäre es ein Omen, sollte Ida Raming sich mit ihren Wünschen und

Ideen oft nicht so benehmen, wie es als »typisch« von Mädchen oder Frauen erwartet wurde.
Früh schon zeigte sie eine religiöse Neigung, sei es beim gemeinsamen Gebet mit der Großmutter oder beim Eucharistie-Spielen im Wald, bei dem sie gerne die Rolle des Priesters übernahm. Auch beim Religionsunterricht zeigte sie Interesse für religiöse Fragen, so daß die Franziskanerinnen, die die Schule leiteten, schon nach einem möglichen Eintritt in ihren Orden fragten. Doch dessen Grundsätze, besonders auch in Hinsicht auf das Frauenbild, wirkten auf Ida Raming eher abstoßend.

»...einen Ort, einen Weg finden...«

Aus ihrem religiösen Interesse heraus entschloß sie sich deshalb nach dem Abitur, Theologie zu studieren, und zwar am liebsten nur Theologie und das gründlich. Da allerdings junge Frauen in den fünfziger Jahren mit einem solchen Studium kaum beruflich etwas anfangen konnten, entschied sie sich für einen Lehramtsstudiengang mit einem Zweitfach, empfand dieses aber immer als Belastung. In der Theologie waren Frauen zu dieser Zeit allerdings noch total unterrepräsentiert, und sie hatte oft das Gefühl, daß einige der Kommilitonen, die vorwiegend Priesteramtskandidaten waren, auf die wenigen Frauen mit Spott und Arroganz heruntersahen. Denn Frauen in der Theologie standen im Grunde genommen außerhalb der vorgesehenen Ordnung.
Nach einigen Semestern in Münster und in Freiburg (Br.) wurde ihr Studium allerdings durch eine schwere Krankheit ihrer Mutter unterbrochen. Sie kam nach Hause und pflegte ihre Mutter bis zu deren Tod. Danach erkrankte sie selbst schwer und für längere Zeit; sie selbst vermutet später, die Krankheit habe auch psychosomatische Ursachen gehabt. Denn sie steckte in einer Krise, die mit Angstgefühlen und Depressionen einherging: Aufgrund der Lage der Frauen in der Kirche fand sie keinen wirklichen Ort, wo sie sich beruflich verwirklichen konnte. Ihr eigentlicher Berufswunsch, der ihr im Laufe des Studiums und in Schlüsselsituationen wie z. B. bei der Priesterweihe eines Kommilitonen immer deutlicher bewußt wurde, nämlich Priesterin zu werden, war im wahrsten Sinne des Wortes indiskutabel, und das nicht nur aus Sicht von Männern. Es bestand eine gesetzliche Sperre, die sie daran hinderte, den Weg einzuschlagen, den sie für sich als den richtigen ansah. So dozierte ein Professor in seinen Vorlesungen über die Wahlmöglichkeiten im Leben, und zwar hätten die

Männer die Wahl zwischen Ordensleben, Priestertum und Ehe, die Frauen hingegen nur zwischen Ordensleben und Ehe. Diese beiden Möglichkeiten kamen aber für Ida Raming nicht in Betracht. Sie fühlte, daß sie einen religiösen, einen geistlichen Beruf hatte, doch es gab keinen Ort, an dem sie diesen Beruf hätte leben können. Und so litt sie unter dieser Einschränkung ihrer Wahlfreiheit, die ihr Leben nachhaltig beeinflußte. Noch halb krank nahm sie das Studium in Münster wieder auf und zog in ein Studentinnenheim, in dem sie 1961 Iris Müller kennenlernte, eine Theologin, die zur katholischen Kirche konvertiert war. Iris Müller sprach ganz unverblümt über die Stellung und Wertung der Frau in der Kirche – was ansonsten, selbst für die meisten Studentinnen, einfach kein Thema war. Ihr Engagement zeigte Ida Raming in der Krise neue Perspektiven und Hoffnungen auf. Iris Müller begleitet bis heute das Leben und die Arbeit von Ida Raming.

Aus der Erfahrung der Entrechtung und der Diskriminierung heraus

Nicht nur die allgemeine Einstellung der offiziellen katholischen Kirche, auch die Situation an der Katholisch-Theologischen Fakultät in Münster war für Ida Raming sehr belastend:

Nur Priester hatten Professuren inne, d. h. der Lehrkörper war rein männlich. Auch unter den Assistenten gab es keine Frauen, und unter den Studierenden waren sie eine absolute Minderheit.

In den Lehrveranstaltungen wurden Frauen als »Hintergrundgestalten« bezeichnet, die angeblich keine Fähigkeit zur Übernahme öffentlicher Ämter in Kirche und Hochschule hätten. Sie könnten weder in den Naturwissenschaften noch in der Politik Entscheidendes leisten, am wenigsten gehörten sie auf die Kirchenkanzel. Das Wesen der Frau wurde – im Unterschied zu dem des Mannes – als passiv charakterisiert. Bibelstellen, wie z. B. 1 Kor 11,7 (»Der Mann ist Abbild und Abglanz Gottes; die Frau aber ist der Abglanz des Mannes«) wurden als verbindlich angesehen. Keine einzige dieser Aussagen, Lehrmeinungen oder auch Bibelstellen wurde kritisch auf ihre Gültigkeit hin befragt. Es gab keinerlei Aufklärung über die Situation der Frau in den Vorlesungen und Seminaren. Statt dessen zielten alle Aussagen auf eine ideologische Stabilisierung des bestehenden Geschlechterverhältnisses ab.

Ida Raming und Iris Müller setzen sich zum Ziel, die Diskriminierung der Frauen in der katholischen Kirche, die sich ihrer Meinung nach besonders im Ausschluß der Frauen von den sogenannten Weiheämtern ausdrückt, zu bekämpfen. Dieses Ziel zu haben, wirkte sich wie eine Befreiung auf Ida Raming aus, was sich schon allein daran zeigte, daß sich ihre Krankheit langsam besserte. Endlich hatte sie ihren Weg gefunden; wenn auch nicht im eigenen priesterlichen Tun und Wirken, so doch darin, dafür zu kämpfen, daß Frauen auch diese Möglichkeit und damit die Wahlfreiheit erhalten.

»Wir schweigen nicht länger!«

Zur Zeit des Vatikanischen Konzils (1962-65) kam in der katholischen Kirche zunächst so etwas wie Aufbruchsstimmung auf. Die Schweizer Juristin Dr. Gertrud Heinzelmann schrieb 1962 eine Eingabe an das 2. Vatikanische Konzil. Ein Jahr später verfaßten Ida Raming und Iris Müller ebenfalls eine Eingabe an das Konzil mit dem Titel: »Kritische Auseinandersetzung mit den Gründen der katholischen Theologie betreffend den Ausschluß der Frau vom sakramentalen Priestertum«, die 1964 in dem von Gertrud Heinzelmann herausgegebenen Buch »Wir schweigen nicht länger! Frauen äußern sich zum 2. Vatikanischen Konzil« zusammen mit anderen Konzilseingaben veröffentlicht wurde. In dieser Eingabe setzten sich die Autorinnen sehr kritisch mit den Argumenten für die fehlende Weihefähigkeit der Frau, wie zum Beispiel mit der laut Schöpfungsordnung angeblich bestehenden Unterordnung der Frau gegenüber dem Mann oder der sogenannten »Wesenseigentümlichkeit« der Frau auseinander, um diese zu widerlegen. Das Buch rief heftige Reaktionen hervor, wurde kritisiert und als »Pamphlet« abgeurteilt.
Inzwischen war auch die Enzyklika »Pacem in terris« (1963) von Johannes XXIII. veröffentlicht, in der er u.a. schreibt, es sei ein Zeichen der Zeit, daß die Frauen nach ihren Rechten verlangten, und daß dieses auch akzeptiert werden solle. Dies war für viele ein ermutigender Impuls, Reformen zu fordern und auch für möglich zu halten.

Der »Stich ins Wespennest«

Ida Raming beschloß, die Gründe für die Stellung und Bewertung der Frauen in der Kirche näher zu erforschen. Und mit Hartnäckigkeit gelang es ihr, bei dem Kirchenrechtler und Kirchenrechtshistoriker

Prof. D.Dr. Peter-Josef Keßler eine Dissertation über die Vorschrift des Kirchenrechts (c. 968 § 1 CIC/1917 = c.1024 CIC/1983): »Die heilige Weihe empfängt gültig nur ein getaufter Mann« zu schreiben, in der sie die rechtshistorischen, exegetischen und dogmatischen Grundlagen dieser Bestimmung untersuchte und dabei zu dem Ergebnis kam, daß der Ausschluß der Frau vom Priesteramt letztlich auf der Vorstellung von ihrer seinsmäßigen und ethischen Minderwertigkeit beruht, gegründet auf die Sicht der Frau als Eva, als der zeitlich nach und aus dem Mann Erschaffenen, der Sündenverhafteten. Dieser durch Quellenarbeit gekennzeichnete Teil wird noch ergänzt durch eine kritische Auseinandersetzung mit dem traditionellen kirchlichen Amtsverständnis. Darin wies sie auf, daß ein an den biblischen Aussagen über Gemeinde bzw. Kirche und Gemeindeleitung orientiertes geistliches Amt durchaus offen ist für eine aktive Mitarbeit der Frau. Die Dissertation war die zweite im deutschsprachigen Raum, die dieses Thema behandelte. Von ihren Ergebnissen und Schlußfolgerungen her war diese eine echte Pionierarbeit.
Die Dissertation wurde 1970 von der Universität angenommen, d. h. sie mußte im Grunde angenommen werden, da Ida Raming den Haupt- und Korreferenten auf ihrer Seite hatte. Doch andere Lehrende reagierten mit Spott, wenn nicht sogar mit Wut auf diese Arbeit, was die Verfasserin bis in die Prüfungen zur Promotion hinein zu spüren bekam.
Nach langem vergeblichen Suchen (und ohne einen sonst bei solchen Arbeiten durchaus üblichen Druckkostenzuschuß seitens der Kirche) gelang es schließlich, einen zum Druck der leicht überarbeiteten Dissertation bereiten Verlag zu finden, so daß diese schließlich 1973 unter dem Titel »Der Ausschluß der Frau vom priesterlichen Amt – Gottgewollte Tradition oder Diskriminierung?« im Böhlau Verlag Köln-Wien veröffentlicht wurde.
Das Buch – heute als Standardwerk anerkannt – rief zum Teil heftige Reaktionen hervor, kritische bis vernichtende Rezensionen wurden verfaßt, oder es wurde gleichsam totgeschwiegen. Nur vereinzelt, und dann meist aus dem Ausland, kamen in der ersten Zeit nach der Publikation positive Reaktionen, so z. B. von Prof. R. Metz und Prof. Y. Congar.
Die negativen Konsequenzen dieser Arbeit gingen allerdings noch weiter. Es kam, wie der »Doktorvater« Ida Raming schon zuvor prophezeit hatte: »Wenn Sie so weitermachen, werden Sie kein Brot in der Kirche verdienen können.« An eine universitäre Laufbahn in Deutschland war allein schon wegen der damals noch nicht ermöglichten Laienhabilitation gar nicht zu denken, und ins Ausland wollte sie nicht ausweichen. Eine kirchliche Anstellung gar oder auch nur einen Vortrag im offiziellen kirchli-

chen Bereich halten zu dürfen, war für sie unerreichbar, hatte doch Kardinal Höffner, so ein befreundeter Professor, gesagt, diese Theologinnen wolle er nicht haben.
Und so sah sich Ida Raming nach vorübergehender Tätigkeit als Assistentin im Seminar für Kirchenrecht gezwungen, in den höheren Schuldienst einzutreten.

»Ein ganzes Leben setzen Sie dafür ein ...«

Mehr Befremden als Anerkennung spiegeln sich in dieser Äußerung eines Bischofs Ida Raming gegenüber, der offenbar nicht verstehen konnte, daß sie sich ihr ganzes Leben lang, aus der eigenen persönlichen Erfahrung der Entrechtung heraus, für die Überwindung frauendiskriminierender Traditionen und für die Anerkennung der Menschenrechte der Frau in den verschiedenen Religionen einsetzte. So gehört sie z. B. zu den Initiatorinnen und Gründerinnen des Vereins »Maria von Magdala – Initiative Gleichberechtigung für Frauen in der Kirche«, der sich zusammen mit anderen Gruppen, die gleiche Ziele verfolgen, dem (im Jahr 1996 gegründeten) internationalen Netzwerk »Women's Ordination Worldwide« (WOW) angeschlossen hat und dafür eintritt, die Situation der Frauen in der Kirche durch ihren Zugang zu kirchlichen Ämtern grundlegend zu verbessern und eine erneuerte Kirche anzustreben, in der Frauen und Männer in allen Belangen gleichberechtigt sind. Auch unterstützte sie aktiv das Kirchen-VolksBegehren (1995) – das ja nicht zuletzt wegen ihres unermüdlichen Kampfes und ihrer Aufklärungsarbeit die Forderung nach voller Gleichberechtigung als Ziel aufgegriffen und so gleichsam in einer Volksbewegung auf eine breite Grundlage gestellt hat – und ist Mitglied der Folgeorganisation, der »Wir sind Kirche«-Bewegung.

»JHWH schafft Recht und Gerechtigkeit allen durch Gewalt Bedrückten« (Ps 103,6)

Die Forderung nach einer rechtlichen Gleichstellung der Frau steht für Ida Raming im Mittelpunkt, da sie die Existenz der Frau direkt betrifft. Deshalb hängt für sie die Zukunft der feministischen Theologie auch davon ab, daß Frauen zuallererst die Anerkennung der Menschenrechte der Frauen in den Religionen einklagen. Denn dieses führe letztendlich dazu, daß in allen Teilgebieten der Theologie, sei es Dogmatik, Mariologie o. a., die traditionellen Standpunkte überdacht werden müßten. Wird die Frage nach der Gleichberechtigung der Frau – und damit auch nach der Frauenordination – in der feministischen Theologie ausgeklammert, so ist diese so für sie nicht mehr ernst zu nehmen. »Spielwiesen- oder Nischentheologie«, wie sie es nennt, könne nicht viel ausrichten, da sie an den grundlegenden Fragen der Gleichberechtigung vorbeigehe. Ebenso sei eine ideologische Fixierung in der feministischen Theologie zu vermeiden. Theologinnen müßten diese für sie persönlich so relevanten Themen besonders seriös und wissenschaftlich bearbeiten, da ihre Arbeit sonst angreifbar und damit eventuell sogar kontraproduktiv sein könnte.

Daß in der gegenwärtigen Situation, in einer Phase von Restaurationsbestrebungen seitens der Amtskirche, die geforderten Reformen nur schwer durchzusetzen sind, ist Ida Raming durchaus bewußt. Doch ermutigend sei auch, daß immer mehr Menschen diese Veränderungen unterstützten und engagiert für ihre Durchsetzung einträten. Und so fordert sie auch die Menschen, die an der offiziellen Amtskirche verzweifeln, dazu auf, die Kirche durch Mitarbeit zu einer erneuerten Zukunft zu führen, die für die Menschen in ihr mehr Freiheit und Fortschritt bringt.

Denn trotz aller Schwierigkeiten und Rückschläge sei eine Bewegung in Gang gekommen, die sich nicht mehr aufhalten lasse und die Hoffnung für die Zukunft gebe. Hoffnung, die letztlich auch auf das Wirken des Heiligen Geistes baut. Hoffnung auch, die Ida Raming ihren langen Kampf hat durchstehen lassen, und die sie veranlaßt, auch weiterhin mit dieser enormen Durchhaltekraft für ihre Ziele zu kämpfen.

Denn: »Das glaube ich nicht, daß es möglich ist, jahrzehntelang diesen Weg zu gehen, ohne daß man doch denkt: Letztlich wird es einmal sein, daß die Wahrheit sich auch im Hinblick auf die Frau durchsetzen wird.«

Angela Wieschemeyer

(Studentin der katholischen Theologie in Münster)

Auswahlbibliographie

1964: Kritische Auseinandersetzung mit den Gründen der katholischen Theologie betreffend den Ausschluß der Frau vom sakramentalen Priestertum, in: G. Heinzelmann (Hg.), Wir schweigen nicht länger! Frauen äußern sich zum 2. Vatikanischen Konzil, Zürich, 61-76. – 1973: Der Ausschluß der Frau vom priesterlichen Amt – gottgewollte Tradition oder Diskriminierung? Eine rechtshistorisch-dogmatische

Untersuchung der Grundlagen von Kanon 968 § 1 des Codex Iuris Canonici, Köln/ Wien (amerikanische Übersetzung 1976). – 1989: Frauenbewegung und Kirche. Bilanz eines 25jährigen Kampfes für Gleichberechtigung und Befreiung der Frau seit dem 2. Vatikanischen Konzil, Weinheim (2. Aufl. 1991). – 1990: Die Frauen in der Kirche, in: Stimmen der Zeit 115, 415-426; – 1992: Stereotype Einwände gegen die Frauenordination und ihre tieferen Ursachen, in: Orientierung 56, 143-146. – 1994: Ungenutzte Chancen für Frauen im Kirchenrecht, in: Orientierung 58, 68-70.

Ingrid Riedel

Ingrid Riedel bemüht sich seit langem um eine Synthese von Theologie und Psychologie und hat dabei eigene, neue Wege beschritten. Ihre Bücher über Märchen, Träume, Farben und Formen sind Fachleuten und psychologisch interessierten Menschen ein Begriff, und vielen ist sie aus Seminaren und Fortbildungen bekannt.

Sie wurde 1935 geboren und studierte von 1953 – 1958 evangelische Theologie in Heidelberg, Göttingen und Erlangen. Während ihrer Vikariatszeit am Burckhardthaus (Gelnhausen) und am Landesjugendpfarramt (Nürnberg) schrieb Ingrid Riedel ihre Dissertation über Bildinterpretation in Praktischer Theologie. Nach dem zweiten Examen absolvierte sie ein Zweitstudium in Germanistik und Sozialpsychologie, das sie mit einer Promotion über Uwe Johnson abschloß. Von 1970-1984 war sie Studienleiterin an der evangelischen Akademie Hofgeismar und unterrichtete zugleich im Fach Sozialpädagogik an der Gesamthochschule Kassel. In dieser Zeit absolvierte Ingrid Riedel auch das Studium der Jung'schen Psychologie in Zürich. Seit 1984 arbeitet sie als Psychotherapeutin in Konstanz sowie als Dozentin und Lehranalytikerin am C. G. Jung-Institut in Zürich. 1992 wurde ihr eine Honorarprofessur für Religionspsychologie an der Universität Frankfurt am Main verliehen.

Der Weg zur Theologie

Ingrid Riedel war 10 Jahre alt, als der 2. Weltkrieg endete. In dieser Zeit herrschte eine unglaubliche Verwirrung aller Vorstellungen über das Leben. Sie wurde vom Christentum angezogen, »weil da einige Menschen wie Dietrich Bonhoeffer waren, deren Haltung im ›Dritten Reich‹ mich überzeugt hat.« Tief getroffen hat sie als Jugendliche der Suizid eines Freundes. »Als junger Mensch stellte ich mir existentielle Fragen. Einige Freunde hatten stärker noch als ich selbst schwere Lebenskrisen. Wir haben damals furchtbar miteinander gerungen und uns gefragt, was uns hilft zu leben, was wir dem Todeswunsch eines Gleichaltrigen entgegensetzen können.«

Ingrid Riedels Elternhaus hatte mit Kirche nichts im Sinn. »Es war säkularisiertes Christentum, das die Grundwerte gelebt hat, ohne sie je in den Mund zu nehmen. Meine Mutter hatte eine Lebensfrömmigkeit, eine tiefe

Ehrfurcht vor Pflanzen und Tieren und auch vor jedem Kind, vor jedem Menschen. Ich hatte ein freundliches Elternhaus mit viel Wärme.« Schon in der Schulzeit wurde sie vom Christentum, von Kirchen und der Kirchenmusik angezogen. »Ich spürte, daß dies noch eine andere Dimension in die Welt bringt. Ich wollte sehen, was es ist, worauf man es in diesem Leben wagen kann.« Sie brauchte großen Mut, um das Theologiestudium ihrer Familie gegenüber durchzusetzen, »aber sie haben es respektiert, weil sie mich als Person geachtet haben.«

Als »junges Mädchen« im Theologiestudium

Ihr Studium führte sie von Heidelberg über Göttingen nach Erlangen. »Es war natürlich nicht einfach, meine existentiellen Fragen durch das Studium beantworten zu lassen.« Sie ließ sich von der wechselnden Geschichte des Christentums, dem Ineinandergreifen von Geschichte und Theologie faszinieren. Auch die Fragestellung der kritischen Exegese interessierte sie sehr. »Da ich von außerhalb der Kirche kam, war es mir unmöglich, die Vorstellungen der Bibel wortwörtlich zu nehmen. Ich suchte einen hermeneutischen Zugang und fand ihn in der Bultmannschen Theologie. Auch die Lutherforschung, besonders Luthers paradoxes Gottesbild, hat mich angesprochen. Jedoch hat mich das stark juristische Denken in der Theologie, also die Rechtfertigungslehre, vor allem der Schuld-Gnade-Begriff gestört. Dagegen hat mich die Schöpfungstheologie angezogen. Im Bibelstudium bin ich auf die alttestamentlichen Frauengestalten, den Umgang von Jesus mit Frauen und mütterliche Bilder von Gott aufmerksam geworden. Damals habe ich das noch nicht feministisch verstehen können, es fehlten uns die Kategorien, in denen wir das systematisch hätten bedenken können. Nur habe ich gemerkt, daß das, wofür mein Herz schlug, im damals üblichen theologischen Denken kaum vorkam. Ich dachte, da ist doch noch mehr drin, schließlich verstand ich mich ja selbst als vollwertige Theologin.«
In den Vorlesungen gab es unter den Studierenden zwei Frauen neben hundert Männern. »Wir waren ›junge Mädchen‹ und glücklich, dazugehören zu dürfen. Untereinander haben wir schon unsere Bemerkungen gemacht, wenn die Professoren uns mit ihrem patriarchalen Denken und herablassend väterlichen Verhalten auf die Nerven gingen. Trotzdem habe ich mit Begeisterung und mit vielen kritischen Auseinandersetzungen studiert.«
Damals war die Ordination für Frauen in der bayrischen Landeskirche nicht möglich. »So wußte ich auch nicht recht, wie sich mein weiterer beruflicher

Weg gestalten würde. Meine Familie hat mit leiser Ironie gefragt, wie ich wohl mit meinem theologischen Hobby je zu einem vernünftigen Beruf käme. Das hat mir den Blick dafür geschärft, wie Frauen damals in der Kirche in einer schrecklichen Weise hintangestellt waren.«

Als Frau Theologin sein

Frauen wurden damals in der bayrischen Landeskirche mit der Begründung nicht zum Predigerseminar zugelassen, daß man dort in einer Lebensgemeinschaft wohne. Daher war Ingrid Riedel als Vikarin für ein Jahr im Burckardthaus in Gelnhausen und zwei Jahre im Landesjugendpfarramt in Nürnberg. »Im Burckhardthaus bin ich richtig aufgeblüht. Das war eine kirchliche sozialpädagogische Ausbildungsstätte für Gemeindehelferinnen und Jugendpädagoginnen. Die Leiterin war Ilse Ultsch, auch eine aus Bayern kommende Theologin, die mich herzlich aufgenommen hatte und um die Schwierigkeiten von Frauen in der Kirche wußte. Es war eine lebendige Ausbildungsstätte in einer ökumenischen Theologie. Ich habe dort gleich unterrichtet und eine frauenspezifische Ausbildung kennengelernt, deren Inhalte mir viel näher waren als die, die an der Uni gelehrt wurden. Ich habe da eine Idee bekommen, wie ich als Frau Theologin sein kann. Heute ist in Gelnhausen das Studienzentrum der EKD für Frauenstudien, das nach Anna Paulsen, der Frauenrechtlerin und Kierkegaard-Forscherin, benannt wurde. Diese Wissenschaftlerin von hohen Graden mit Ausstrahlung und Begeisterungsfähigkeit möchte ich nicht unerwähnt lassen. Ich habe sie sehr lieb gewonnen, und wir haben viele Gespräche geführt.«
In ihrer Ausbildung ist Ingrid Riedel dann in eine schwere Krise gekommen. »Einmal begann ich mich durch den Kontakt mit der damaligen linken Bewegung zu fragen, ob das Gottesbild nicht doch eine Projektion des Menschen ist, die ihn daran hindert, auf der Welt das Seine zu tun. Zum anderen hat vieles in der damaligen Theologie mich im tiefsten Inneren nicht angesprochen. Ich konnte das, was dort vermittelt wurde, weder denkerisch noch gefühlsmäßig mit mir verbinden. Und ich dachte, was mache ich eigentlich, wenn der einzige Beruf, den ich gelernt habe, mich nicht mehr trägt, weil ich mit vielen der Grundvoraussetzungen nicht mehr übereinstimme. Konnte ich den Ast absägen, auf dem ich sitze? Ich konnte mir da nichts vormachen und mich in irgendeiner Tradition verstecken. Ich mußte meinen eigenen Weg erst finden.«

Während des Vikariats begann sie ihre Dissertation in Praktischer Theologie bei Prof. Kurt Frör sowie ein Literatur- und Sozialpsychologiestudium. »Ich wollte mir einen Freiraum schaffen, evtl. für Medien- oder Öffentlichkeitsarbeit. Mit der Promotion, dachte ich, wäre ich freier einsetzbar. Aber ich hatte auch Lust, wissenschaftlich weiterzuarbeiten. Diese Arbeit wurde später die Basis meines Buches über Farben in Religion, Gesellschaft, Kunst und Therapie (1983). Mir schwante damals, daß theologische Rede weitgehend symbolische Rede ist. Ich habe versucht, die Sprache der Bilder, der Farben und Formen herauszuarbeiten. Aus existentieller Bedrängnis heraus habe ich mein Thema gefunden. Mir wurde es wichtig, die Symbolsprache in das theologische Denken einzubringen, da der Glauben andere Bedingungen und Bedürfnisse hat als die, die in der begrifflichen Sprache vermittelbar sind.«

Das Eigene finden

Nach dem Vikariat zog Ingrid Riedel in die Nähe von Kassel und beendete trotz Berufstätigkeit ihre zweite Dissertation über Uwe Johnson. »Ich habe die Frauen bewundert, die trotz der verwehrten Ordination in die Gemeinde gegangen sind und das vor Ort durchgestanden haben. Allerdings empfand ich das Pfarramt als männlich geprägt und wollte nun einfach auf meinen eigenen Erfahrungen aufbauen. Ich habe einige Kolleginnen gehabt, die auch Sonderwege gegangen sind. Es war immer ein Gefühl dafür da, daß wir eine eigene Gruppe sind und ganz eigene Themen haben. Anfangs ging es darum, anerkannt zu werden, und wir haben uns gehütet, auf Nebenschauplätzen noch Probleme zu schaffen. Die Generation, die den Platz hatte, begann dann kritisch zu forschen.«
»Weil ich in Kassel zunächst völlig isoliert war, suchte ich Kontakt mit Menschen meinesgleichen. Die ev. Akademie Hofgeismar bot damals sehr interessante Tagungen an, so bin ich dorthin gefahren. Der damalige Akademieleiter Hans Gernot Jung suchte gerade jemanden für den Bereich Kultur und engagierte mich vom Fleck weg. Das war eine schöne Zeit, und da habe ich mein Eigenes gefunden.« Gleichzeitig unterrichtete Ingrid Riedel noch an der Gesamthochschule Kassel im Fach Sozialpädagogik. »In Hofgeismar kamen bei mir viele Fäden zusammen. Ich konnte das symbolische Denken weiterführen und lernte die Tiefenpsychologie kennen. Dann griff ich den Dialog mit den Religionen und Meditationsmethoden auf. Mir war es wichtig, daß die Theologie wieder lebendig und erfahrbar wird, daß tiefere

Schichten der Psyche erreicht werden. Zu meinen Seminaren kamen die abenteuerlichsten Gestalten, die im Grunde auf einer spirituellen Suche waren. Ich bin dafür auch angegriffen worden. Es kamen ganz unterschiedliche Leute zusammen, die neue Wege beschritten, so daß langsam eine neue spirituelle Kultur entstehen konnte.«

In der Hofgeismarer Zeit löste sich Ingrid Riedels theologische Krise. »Ich merkte, daß das Gottesbild aus dem Studium, das ich nicht halten konnte, nur ein Bild war – nicht mehr und nicht weniger. Damit etwas ganz anderes aufsteigen konnte, mußte ich es hinter mir lassen. In das Alte konnte ich nie mehr zurück. Meine Entdeckung war, daß sich Gott letztlich in kein Bild ganz fassen läßt und daß wir im Leben mehrmals den Wechsel von zu eng gewordenen Bildern brauchen. Mein zentrales Anliegen ist es, symbolisch von Gott zu sprechen. Wenn man offen diskutieren kann und nicht nur ein Entweder-Oder kennt, entsteht eine offene Weite und eine lebensfreundliche Theologie. Dies kann vielen Menschen einen Zugang eröffnen. Ich bin zutiefst gegen ausgrenzendes Denken eingestellt.«

Auch feministische Theologie wurde ihr in Hofgeismar wichtig. »Ich habe mich angesprochen gefühlt, weil feministische Theologie Frauen bei befreiendem Bemühen unterstützt. Aber vor allem habe ich nach einer Frauensprache gesucht, die emotional und ästhetisch vermittelt ist. Mir ist es wichtig, daß jede Frau mit ihrer Vision des Glaubens und ihrer jeweiligen Glaubenserfahrung ernst genommen wird und daß wir voneinander lernen.«

Die grüne Sophia

Die Möglichkeit einer weiblichen theologischen Perspektive findet Ingrid Riedel beispielsweise bei Hildegard von Bingen. »Zunächst war ich einfach hingerissen, daß es so eine Frau gab. Hildegard kam in der Kirchengeschichte, die ich im Studium kennenlernte, nicht vor, und dieses Stück Frauengeschichte galt es wiederzuentdecken. Obwohl diese Frau uns über die Jahrhunderte hinweg immer fremdartig bleiben wird, verkörpert sie das, was ich eigentlich suche. Sie ist eine großartig entfaltete Frau mit persönlichem Mut.«

Gerade Hildegards bildhafte, kraftvolle und poetische Sprache wie auch ihre Musik faszinieren Ingrid Riedel. Aus ihren Visionserfahrungen entwickelt Hildegard von Bingen eine Theologie der Schöpfung, die ein heilerisches Element enthält. »Vor allem hat es mir Hildegards Weisheitsvorstellung angetan. In ihren Visionen findet Hildegard ein Bild für die weibliche Seite Gottes, das sie unglaublich schön ausgestaltet. In weiblicher Geistigkeit gewinnt sie eine Gesamtschau der Wirklichkeit. Gerade in dem visionär geschauten Bild der Sophia im grünen Seidenmantel, die den Kreis des Kosmos von innen her erfüllt, zeigt sich das urweibliche, das vernetzte Denken, in dem sich alles gegenseitig beeinflußt und ineinanderwirkt – ein ökologisches Denken.«

Glücklich darüber, wie alles zusammengehört

Von Kassel aus absolvierte Ingrid Riedel das Studium der Jungschen Psychologie in Zürich. »Ich habe einfach alle Ferien in Zürich verbracht. Aber wenn es nicht mein wichtigstes Hobby gewesen wäre und ich eine Familie gehabt hätte, hätte ich es nie geschafft. Ich suchte und fand da einen neuen hermeneutischen Zugang, auch zur Theologie. Nach 14 Jahren Akademiearbeit mußte ich mir wegen der Rotation in der Stellenbesetzung überlegen, wie ich weiterarbeiten wollte. Gemeindearbeit war nicht dran, da ich sie auch nicht erlernt hatte und keine Erfahrungen in ihr sammeln konnte, und an eine andere Akademie wollte ich nicht, da ich merkte, daß dies doch kein Lebensberuf für mich war.« Ingrid Riedel wagte mit fast 50 Jahren den Sprung nach Konstanz, sie eröffnete dort eine therapeutische Praxis und begann, am Junginstitut in Zürich zu lehren. »Zunächst ist es mir schwer gefallen, auch aus dem kirchlichen Schutz mit Pensionsansprüchen herauszugehen. Aber ich hatte eine Sehnsucht nach vertiefter Arbeit mit einzelnen Menschen, auch nach dem Lehren. In diesem ganz anderen Bereich kannte mich zunächst niemand. Es hat sich aber bald alles schön entwickelt in diesem neuen Berufsfeld, und in diesem freieren Raum konnte ich erst richtig mit dem Schreiben anfangen. Womit ich gar nicht gerechnet hatte, war, daß mich nun Akademien in ganz Deutschland um Referate und Mitarbeit bei Tagungen anfragten. Es ist nicht leicht, beide Bereiche zu verbinden, Theologie und Psychologie, aber es lockt mich auch.«

Die Arbeit als Psychologin hat Auswirkungen auf ihre Theologie. Die Erfahrungsseite ist Ingrid Riedel noch wichtiger geworden als die Lehrseite. »In meinem Alltag werde ich oft mit der krankmachenden Seite von Theologie, von kirchlicher Erziehung und Sozialisation konfrontiert. Da ich jedoch, von Hildegard von Bingen bestärkt, zutiefst von der gesundmachenden Möglichkeit von Religion und Spiritualität überzeugt bin, halte ich diesen Beruf für sehr sinnvoll. In der Praxis nehme ich kaum ein theologisches Wort in den Mund, sondern versuche alles in menschliche Erfahrungswerte umzusetzen. Daß wir, ohne etwas dazutun zu müssen, immer schon vom

Leben angenommen sind, gehört zu den großen existentiellen Wahrheiten. Gott umschreibe ich gerne mit ›das Leben selbst‹, ›die tragenden Kräfte‹ oder ›der größere Zusammenhang‹. Ich suche nach einer neuen Sprache, die wir auch in der Kirche brauchen.«
1992 wurde Ingrid Riedel von der Universität Frankfurt/Main zur Honorarprofessorin ernannt und unterrichtet seitdem Religionspsychologie am Fachbereich Evangelische Theologie. »Ich habe mich sehr gefreut, wieder einen Ort in der Theologie gefunden zu haben, und daß sie mich so, wie ich geworden bin, haben wollten. In Frankfurt gebe ich auch Veranstaltungen an der Universität des dritten Lebensalters.«
Zurückblickend auf ihren Lebensweg sagt Ingrid Riedel: »Heute mit über 60 Jahren bin ich sehr glücklich darüber, wie alles in meinem Leben zusammengehört und zu einem Netzwerk geworden ist. Ich mußte keinen der Fäden, die mir wichtig waren, fallen lassen. Es hat Umwege gegeben, auch große Ängste. Es ist mein persönlicher Weg. Ich wollte und mußte eine eigene Sprache durch diese ganze Tradition hindurch finden, um wirklich das auszudrücken, was mich anrührt und das auch weitergeben zu können.«

Andrea Holler

(Geb. 1966. Studium der evangelischen Theologie und Germanistik in Heidelberg und Marburg. 1. kirchliches Examen 1996 bei der Evangelischen Kirche von Hessen und Nassau. Ausbildung als Trauerbegleiterin. Arbeitsschwerpunkte: Trauerarbeit, prozeßorientierte Psychologie und feministische Theologie.)

Auswahlbibliographie

1983: Farben in Religion, Gesellschaft, Kunst und Psychotherapie, Stuttgart. – 1985: Tabu im Märchen. Die Rache der eingesperrten Natur, Olten. – 1985: Marc Chagalls Grüner Christus. Ein ganzheitliches Gottesbild – Wiederentdeckung der weiblichen Aspekte Gottes. Tiefenpsychologische Interpretation der Fraumünster-Fenster in Zürich, Olten/Freiburg. – 1987: Wandlungen der Schwarzen Frauen, in: Peter Michael Pflüger (Hg.), Wendepunkte. Erde – Frau – Gott, Olten/Freiburg. – 1989: Die weise Frau in uralt-neuen Erfahrungen, Olten/Freiburg. – 1994: Hildegard von Bingen. Prophetin der kosmischen Weisheit, Stuttgart. – 1997: Träume. Wegweiser in neue Lebensphasen, Stuttgart. – in Vorbereitung: Die gewandelte Frau. Vom Geheimnis der zweiten Lebenshälfte.

»... das hat alles mit feministischer Theologie zu tun« – Das Aufdecken von verborgenem Wissen und die Veränderung von Strukturen als feministisch-theologische Praxis

Eva Renate Schmidt

1929 geboren;1949-1953 Studium der evangelischen Theologie in Basel und Heidelberg; anschließend Vikariat in Berlin; 1954 Ordination in der Badischen Landeskirche; 1954-1957 kirchliche Jugendarbeit mit jungen Industriearbeiterinnen in Mannheim; 1957-1959 soziologische und volkswirtschaftliche Studien in England und USA; 1959-1963 Aus- und Fortbildung kirchlicher Mitarbeiter für Sozial- und Industriearbeit; 1963-1964 Gemeindepfarramt in Berlin; 1964-1971 Direktorin im Burckhardthaus Gelnhausen; 1971-1972 Ausbildung als Supervisorin und Organisationsberaterin am Institute of Religion and Human Development in Houston, USA und als Gestalttherapeutin; 1972-1992 Studienleiterin für Gemeindeberatung und Fortbildung der EKHN; 1992 Verleihung der Ehrendoktorwürde durch die Evangelisch-theologische Fakultät der Universität Bern, Schweiz; seitdem arbeitet sie freiberuflich in der Ausbildung und als Supervisorin und Organisationsberaterin in Industrie und Kirche.

Eva Renate Schmidt lebt und arbeitet zeitweilig in Freiburg, im Tessin, in der Schweiz, in Österreich und Afrika. Das Treffen zum Interview fand in Bammental bei Heidelberg statt, wo sie eine Feldenkrais-Ausbildung macht. Meine erste Begegnung mit ihr im Jahr 1988 lag schon lange zurück. Damals nahm ich an einem Fest zur »Taufe« der beiden Bände »Feministisch gelesen« teil. Ein Erlebnis, das mich als Studentin spüren ließ, wie theologisches Denken und gelebte Spiritualität zusammenkommen können und mich motivierte, feministisch-theologisch weiter zu lernen. In den folgenden Ausschnitten unseres Gesprächs erzählt Eva Renate Schmidt, wie sie zur feministischen Theologie kam, welche Erfahrungen sie mit den Strukturen von Macht und Sprache gemacht hat und welche Perspektiven sie für feministische Theologie sieht.

Allmähliche Verbindungen zwischen Praxis und feministischer Theologie

Studium bei den großen Theologen der Nachkriegszeit
Ich habe bei den großen Theologen der fünfziger Jahre studiert. Karl Barth war mein Vorbild. Deshalb bin ich 1949 nach Basel gegangen und habe vor allem ihn, Karl Jaspers und Oscar Cullmann gehört. Basel war damals eine große theologische Fakultät. Danach ging ich nach Heidelberg zu Gerhard von Rad, den beiden Bornkamms und Campenhausen – das waren wichtige Lehrer für mich. Mir kam damals überhaupt nicht in den Sinn, daß auch Frauen Theologie lehren könnten.

Kirche in der Industriewelt – Verbindungen zwischen Sozialwissenschaften und Theologie
In der Praxis wurde ich dann ziemlich schnell damit konfrontiert, daß die Theologie mich eher von dem Alltag entfremdet hatte, der mir da begegnete. Ich habe zuerst mit Industriearbeiterinnen gearbeitet und hatte dann noch einmal das Bedürfnis, etwas zu lernen, um einen anderen Zugang zur Praxis zu bekommen. Ich ging nach England und habe dort Soziologie und Volkswirtschaft studiert. Dort bin ich erstmals Paul Tillichs Literatur begegnet. Ich suchte damals sehr stark nach einer Verbindung zwischen Theologie und Sozialwissenschaften. Deshalb wurde Tillichs Korrelationsmethode für mich sehr wichtig. Auch Bonhoeffer habe ich noch einmal unter einer anderen Perspektive gelesen. Ich hatte von den theologischen Diskussionen über die Bekennende Kirche genug. Als Nachkriegsdeutsche war es zwar sehr wichtig gewesen zu verstehen, was passiert war. Barth hat mir sehr geholfen, ein neues Verständnis von Theologie und auch eine politisch orientierte Einstellung zu bekommen. Aber die Theologie der Bekennenden Kirche war für mich zu innerkirchlich, und ich hatte das Gefühl, darüber hinausgehen zu müssen.
Nach dem Studium in England wurde ich durch den Weltkirchenrat eingeladen in die USA zu gehen. Mein Ziel war herauszufinden, wie Kirche in der Industriewelt überhaupt existieren kann und was sie darin zu sagen hat. Durch diese Frage bin ich immer mehr an die Ränder der Kirche geraten und mit den US-amerikanischen Rassismusfragen und der Klassenproblematik in Berührung gekommen. Damals habe ich angefangen anders zu denken: Wie kann ich die Alltagspraxis mit den Menschen überhaupt theologisch deuten?
Im Laufe der Jahre bin ich durch die diversen Ausbildungen wie die Gestaltausbildung und auch die Organisationsentwicklung der Freudschen Renaissance

begegnet. Die Neuentdeckung von Freuds Schriften in den sechziger Jahren war für mich ein ausgesprochener Befreiungsakt. Dadurch konnte ich von der dogmatisierten Theologie wegkommen und sehr viel kritischer mit theologischen Themen umgehen, die für mich bis dahin Kernstücke waren.

Lebenserfahrungen von Frauen als theologisches Potential

In der Fortbildung der Evangelischen Kirche in Hessen und Nassau habe ich 1972 angefangen zu arbeiten. Ich habe darauf insistiert, daß die Pfarrerfortbildung nicht mehr nur für Pfarrer sein sollte, sondern immer fünf Plätze für Laien freiblieben. Eine solche Regelung war damals noch durchsetzbar, die sogenannte ›Laientheologie‹ sollte damit gestärkt werden. Zu diesen Pfarrerfortbildungen kamen fast immer Hausfrauen. Es hat mich fasziniert, was diese Frauen zu biblischen Texten oder theologischen Fragen einbrachten. Regelmäßig habe ich erlebt, wie die Pfarrer immer stiller wurden und bei ihrer Abreise sagten, das sei Stoff für mindestens fünf Predigten, was die Frauen hier gesagt hätten. Ich fragte mich, welche Erfahrung steht hinter den Lebensentwürfen von Frauen, die zu einem anderen theologischen Denken in dieser doch sehr männerorientierten Theologie führt? Das war ein erster Zugang für mich zu feministischer Theologie. Zuerst einmal wahrzunehmen, welche Theologie Frauen im Unterschied zu Männern machen, nachdem ich Theologie ja von Männern gelernt hatte.

Verknüpfungen von Frauenbewegung und Strukturveränderungen in der Kirche

Am Rande von Ausbildungen im Zusammenhang mit Gemeindeberatung und Organisationsentwicklung habe ich angefangen, mich intensiver mit der Frauenbewegung zu beschäftigen, die mir zuerst in den USA begegnete. Mein erster Eindruck – das werde ich nie vergessen – war in einem längeren Seminar zu gruppendynamischen Prozessen. Parallel zu diesem Seminar lief ein Frauenseminar. Abends bin ich dort hingegangen. Ich kann überhaupt nicht mehr sagen, was die Frauen mir inhaltlich erzählt haben, aber ich erlebte dort eine völlig andere Art des Miteinandersprechens und der Wertschätzung. Das begeisterte mich sehr. Sicher hat das auch alte Fragen von mir aufgenommen, die mit meinen persönlichen, biographischen Kämpfen um Anerkennung in der Kirche zu tun hatten. Für mich stand das lange völlig getrennt: Feministische Theologie stand unverbunden neben dem, was ich in der Organisationsentwicklung praktisch tat. Es waren eine Reihe von Erfahrungen nötig, bis es wirklich anfing sich zu verknüpfen. Von da an wurde feministische Theologie für mich wirklich eine Befreiungstheologie, die mir ermöglichte zu korrelieren, und zwar nicht nur verschiedene wissenschaftliche Ansätze, sondern auch die Praxis und das theologische Denken.

Macht und Sprache als Themen feministischer Theologie

Inklusive Sprache braucht inklusive Theologie

Angefangen habe ich mit dem Thema Sprache in der Gemeindeberatung der EKHN. Ich habe selbst ganz viel lernen müssen. Die frühen Veröffentlichungen sind alle nicht in inklusiver Sprache verfaßt, wie z. B. das erste Handbuch zur Gemeindeberatung. Als wir anfingen, das umzuschreiben, haben wir bemerkt, daß das additive Umschreiben nicht viel nützt. Das heißt, durch das Hinzufügen der weiblichen Formen wurde der Text deshalb noch nicht frauengerechter. In den Texten steckt eine ganz andere Theologie, die wir überhaupt nicht vertreten konnten. Die ganzen Texte mußten umgeschrieben werden.

Vielgestaltige Rede von Gott als Eröffnung neuer Formen von Spiritualität

In der Kirche die Erfahrungen von Frauen zu verbalisieren, um zu einer neuen Sprache zu kommen, ist wichtig. Auf einer Ordination kam der Propst zu mir und klagte: »Frau Schmidt, Ihre jungen Kolleginnen können ja nicht mehr von Gott als Vater sprechen oder in der männlichen Form, die reden von Gott als Liebe und Hoffnung, Quelle der Weisheit etc.« Da sagte ich: »So unbiblisch ist das doch gar nicht.« Da sagte er zu mir: »Also Frau Schmidt, wenn Sie von Gott nicht mehr als Vater sprechen können, dann komme ich zu kurz.« Er wußte nicht, was er gesagt hatte. Ich erwiderte: »Das ist der entscheidende Punkt. Wenn Sie dies jetzt einmal umdenken auf die Frauen, was das bedeutet, wenn man von Gott nicht auch einmal als Mutter reden darf.« Aber das ist eigentlich gar nicht mein Thema. Ich möchte den Vater nicht durch die Mutter ersetzen, sondern ich möchte einfach die Vielfalt der biblischen Bilder zum Zuge kommen lassen.« In der Auseinandersetzung mit feministischer Theologie ist mir deutlich geworden, daß ich mit diesem personalisierten Gottesbild gar nicht viel anfangen kann. Die antropomorphen Bilder sind nicht genug, sondern wir brauchen einen viel weiteren Horizont. Das verändert auch die Kultur des Betens. Durch diese pietistische Sozialisation, die ich genossen habe, wie auch viele dieser Kirchenmänner, stellen wir uns im Gebet Gott häufig wie einen Übervater oder eine Übermutter vor. Das geht für mich eben nicht mehr.

Macht und die Leitungsstruktur in der Kirche – die Kandidatur um das Amt des stellvertretenden Kirchenpräsidenten der Evangelischen Kirche von Hessen und Nassau

Neben dem Thema Sprache hat mich das Machtthema ein Leben lang begleitet. Ich habe versucht, Frauen und Männern dazu zu verhelfen, bewußter mit ihrer eigenen Macht umzugehen und ihr eigenes Machtprofil zu entdecken.

Als ich gefragt wurde, ob ich kandidieren würde zuerst für das Amt des Kirchenpräsidenten und dann für das des stellvertretenden Kirchenpräsidenten, war mir das zuerst ein ganz fremder Gedanke, ich habe dann aber eingesehen, daß das auch einmal eine Frau probieren muß. Ich bin durch diese ganze Ochsentour gegangen und habe viel über die Strukturen von Kirche gelernt. Wenn man in so einem Prozeß steht, erfährt man ganz unmittelbar, wo Grenzen und Vorbehalte sind. Alle drei KandidatInnen mußten eine Rede halten zu dem Thema: Was gilt in der Kirche? Die Arnoldshainer Konferenz hatte dazu gerade eine Schrift herausgebracht. Es war so, daß meine Rede mit Abstand den größten Applaus bekommen hat, so daß alle dachten, die Frau wird gewählt. Ich bekam immerhin etwa ein Drittel der Stimmen, wurde aber damit nicht gewählt. Diejenigen, die diese ganze Aktion lanciert hatten, haben danach die Synodalen befragt, warum sie die Frau nicht gewählt hätten. Die einen haben gesagt, die ist uns einfach zu alt, obwohl der gewählte Gegenkandidat zwei Jahre älter war. Oder warum ist sie nicht verheiratet ? Andere haben gesagt, die hat einfach in ihrem Leben schon zuviel gemacht. Es waren ganz irrationale Geschichten.

Verkündigung feministisch – Erarbeitung neuer Predigtmaterialien

Aber schon vor dieser Kandidatur hat mich die Frage beschäftigt, wie wir in die Perikopenreihen andere biblische Texte bringen können. Dazu hatte ich eine Projektgruppe gebildet. Daraus sind die beiden Bände »Feministisch gelesen« geworden, weil uns schnell klar war, kein Mensch predigt über diese Texte, wenn es nicht eine Arbeitshilfe dazu gibt.

Bei dieser Arbeit stellte sich die Frage, wie die biblischen Texte sozialgeschichtlich interpretiert werden können. Feministische Theologie hat unendlich viel dazu beigetragen, von diesem dogmatisierenden hermeneutischen Verständnis von Texten wegzugehen und auch die weithin dem Bewußtsein verlorengegangenen Texte wieder zu erschließen. Ich habe in dieser Zeit angefangen, intensiver mit Bibliodrama zu arbeiten. Fast immer bringt das einen sehr lebendigen Inhalt des Textes zur Sprache. Die biblischen Geschichten haben eine ausgeprägte Symbolkraft und wirken sehr stark auf die, die sich eben nicht nur mit dem Kopf darauf einlassen.

Differenzieren und Bewerten aus feministischer Perspektive

Ein Grundsatz, den wir in der Organisationsentwicklung immer wieder einschärfen und auch umsetzen, heißt: Zuerst differenzieren, dann integrieren. Wenn wir Integration schaffen, sei es zwischen Frauen und Männern, oder sonst eine Kohäsion herstellen, und diese ist nicht durch eine Differenzierung gegangen, dann kippt sie sofort in eine Hierarchisierung von bestimmten Werten und in der Regel eben in ein patriarchales System. Auch Frauen internalisieren patriarchale Systeme. Das Differenzieren muß eben auch mit einer anderen Wertschätzung verbunden werden.

Aufwertung der unsichtbaren Arbeit und Qualifikation von Frauen

Mit einem vorsintflutlichen Verständnis von Gleichberechtigung ziehen Frauen immer den kürzeren. So habe ich das oft auch bei den Personalentscheidungen in der Kirche festgestellt. Wenn die Anforderungsprofile in der Kirche nicht die Differenzierung in den Lebenserfahrungen von Frauen und Männern berücksichtigen und Frauen nur nach dem männlichen Berufsmodell bewertet werden, müssen sie immer doppelt und dreifach Leistungen bringen und werden damit fast zwangsläufig zur Anpassung genötigt. Wir müssen in den Anforderungsprofilen die Lebenserfahrung von Frauen wertschätzen. Ich habe das immer in der Kirchenleitung aufs heftigste vertreten, daß z. B. Chaosmanagement in die Anforderungsprofile für Führungspositionen müßte. In der Industrie macht man dafür teure Trainings für die Manager, damit sie lernen, wie sie mit unberechenbaren Situationen umgehen. Die meisten Frauen können das aufgrund ihrer Lebensumstände. Da wurde zuerst müde gelächelt. Ich habe dann aber zu den Frauen gesagt, sie sollen in ihre Bewerbung schreiben, welche Erfahrungen sie in Chaosmanagement haben. Als die erste Frau sich um eine religionspädagogische Studienleiterstelle beworben hat und neben den üblichen akademischen Abschlüssen Erfahrung in Chaosmanagement angab, weil sie ein behindertes Kind großgezogen hat, da konnte man das Klicken in den Köpfen der Männer richtig hören. Sie hatten verstanden, diese Frau bringt nicht nur die akademischen Würden mit, sondern kann mehr.

Für mich hat das alles mit feministischer Theologie zu tun. Sie ist für mich keine Disziplin neben anderen, sondern ihre Glaubwürdigkeit erweist sich für mich darin, wie der Kampf oder der Streit um Gerechtigkeit in der Kirche geführt und gelebt wird.

Wahrnehmung der Differenzen zwischen Frauen als Lernprozeß
Ich mußte mich einige Male bei der Kirchenleitung rechtfertigen wegen öffentlicher Äußerungen. Vor allem als die Kurhessen-Waldecksche Kirche sich mit Elga Sorge auseinandersetzte. Elga Sorge gehörte zu unserer Gruppe feministischer Theologinnen. Ich hatte zusammen mit anderen Frauen aus verschiedenen Landeskirchen und Universitäten einen offenen Brief an den damaligen Bischof Jung geschrieben und ihm angeboten, daß wir ein theologisches Gespräch mit Elga Sorge führen wollten. Wir haben sehr deutlich gemacht, daß wir ihre Kreuzestheologie nicht teilten. Aber weil wir uns nicht vorstellen konnten, daß ein Verfahren gut ausgehen kann, in dem Männertheologen einer Disziplinarkammer mit ihr dieses Gespräch führen, haben wir uns angeboten. Das hat er natürlich abgelehnt. Ich glaube schon, daß dahinter eine generelle Abwehr gestanden hat, die feministische Theologie hoffähig zu machen, in dem man sie in einen offiziellen kirchenpolitischen Prozeß einbezieht.
Auch ist es in den Anfängen der feministisch-theologischen Bewegung schlecht gelungen, Differenzen zuzulassen So habe ich z. B. abgelehnt, über das Buch von Elga Sorge »Religion und Frau« eine Rezension zu schreiben, weil ich sehr kritisch mit dem Buch umgegangen wäre. Als es eine andere Frau getan hat, gab es in unserem Kreis eine große Diskussion darüber. Wir haben nur langsam gelernt, daß wir auch öffentlich streiten müssen, ohne die betreffende Frau damit fertigzumachen. Ich denke, es hatte mit der Euphorie zu tun, die Schwesterlichkeit entdeckt zu haben und sich dann nicht vorstellen zu können, daß auch die Auseinandersetzung notwendig ist. Das, finde ich, ist heute anders.

Perspektiven feministischer Theologie

Vernetzung und Unterstützung durch Ältere
Ich finde das Vernetzen sehr wichtig. Das heißt nicht, daß alle dasselbe denken müssen, aber sich anzusprechen und sich gegenseitig ernst zu nehmen – kritisch ernst zu nehmen –, das ist unerläßlich. Ich habe für mich im Alter und mit einer gesicherten Position natürlich gemerkt, daß ich mir viel mehr erlauben kann. Deshalb sage ich den älteren Kolleginnen auch immer wieder, sie sollen für die Jüngeren sprechen, für die das viel riskanter ist.

Feministische Theologinnen als Analysatorinnen in der Weiterentwicklung von Institutionen
In der Organisationsentwicklung ist Anschlußfähigkeit ein wichtiger Punkt. Wenn ich in ein System hineinkommen will oder darin bestehen will, muß ich

anschlußfähig sein. Gleichzeitig bedeutet das aber, wenn ich eine Innovation stark machen will, dann darf ich nicht noch mehr sowieso schon Bekanntes einbringen, sonst ändert sich gar nichts. Feministisch-theologisches Denken ist eine Innovation. Deshalb denke ich, ist es sehr wichtig, den jungen Theologinnen das Bewußtsein und auch das Selbstbewußtsein zu vermitteln, daß sie in einer Männerorganisation Analysatoren des Systems sind. Man kann es eigentlich jeder Organisationsleitung klar machen: wenn Ihr lernen wollt oder Euch entwickeln wollt, müßt Ihr eine Form finden, wie Ihr über Euch selbst nachdenken könnt. Und dazu braucht man Analysatoren oder Analysatorinnen.
Es ist wichtig, das Gefühl zu bekommen, ich befinde mich als Frau in einer Männerorganisation, z. B. in der Universität, und was ich zu sagen habe, ist für die Weiterentwicklung der Organisation wichtig. Das heißt aber auch, daß die Frauen, wo immer sie das können, dafür sorgen, daß andere AnalysatorInnen zu Wort kommen. Das ist auch wieder Vernetzung und gegenseitige Unterstützung, die nötig ist.

Feministisches Engagement braucht Durchsetzungsvermögen
Das Durchsetzen von Veränderungen ist für die jungen Frauen ein wichtiger Auftrag, und das geht überhaupt nicht von allein. Die verbalen Zustimmungen, die sie bekommen als Frauen, die bringen nicht weiter, wenn damit nicht auch strukturelle Folgen verbunden sind. Ich habe mir in der Kirchenleitung auch immer gedacht, wenn ich emphatisch etwas vorgetragen habe und mir dann zugenickt wurde, jetzt haben sie es begriffen. Ich merkte aber bald, wenn ich das nicht in einen Antrag verwandele, der dann beschlossen wird, passiert überhaupt nichts. Deshalb denke ich schon, daß es sehr wichtig ist, daß die junge Generation sich nicht ausruht auf dem, was erreicht ist, und sagt, sie habe all diese Probleme nicht mehr. Es wird noch dauern, bis feministische Anliegen wirklich so selbstverständlich sind, daß gar nicht mehr gekämpft werden muß.

Sybille Becker

(1966 in Mainz geboren. Studium der evangelischen Theologie, Germanistik und Pädagogik in Frankfurt/Main und Heidelberg. 1993 Staatsexamen (Sekundarstufe II), 1993-1997 wiss. Mitarbeiterin am Fachbereich Ev. Theologie der Universität Frankfurt/M. Zur Zeit Stipendiatin der Hess. Lutherstiftung und Lehrbeauftragte an der Ev. Fakultät der Universität Marburg. Arbeit an einer Dissertation mit dem Arbeitstitel: »Leiblichkeit und Geschlecht im Bildungsverständnis. Eine religionspädagogische Studie«.)

Auswahlbibliographie
1983: zusammen mit Hans-Georg Berg, Aufhören und Anfangen. Wechselfälle im Alltag einer Gemeinde, Gelnhausen. – 1985: Frauen in der Organisation Kirche. Die Furcht der Frau vor der Macht und die Furcht des Mannes vor dem Weiblichen, in: Wege zum Menschen 37, S. 390-397. – 1988/89: zusammen mit Mieke Korenhof und Renate Jost, Feministisch gelesen. 32 ausgewählte Bibeltexte für Gruppen und Gemeinden, Gebete für den Gottesdienst. Bd. 1 u. 2, Stuttgart. – 1989: Der Einfluß der Pfarrerin auf das Verständnis vom Pfarramt. Haben Frauen die Kirche verändert? in: B. Janetzky, E. Mingram, E. Pelkner (Hg.), Aufbruch der Frauen, Herausforderungen und Perspektiven feministischer Theologie, Münster, S. 164-176. – 1992: Ehrenamtliche Arbeit von Frauen. Den Männern die Ehre, den Frauen die Schattenarbeit, in: Wege zum Menschen 44, S. 18-26. – 1994: Mit der Hermeneutik des Verdachts Organisationen entschlüsseln, in: Dorothee Sölle (Hg.), Für Gerechtigkeit streiten, Gütersloh, S. 181-185. – 1995: zusammen mit Hans Georg Berg, Beraten im Kontakt, Handbuch für Gemeinde- und Organisationsberatung, Offenbach.

Und Gott schuf den Menschen nach seinem Bild, nach dem Bild Gottes schuf er ihn; als Mann und Frau schuf er sie (Gen 1,27)

Annemarie Schönherr

Am 14. August 1932 wurde Annemarie Schmidt in Zörbig/ Sachsen-Anhalt geboren; von 1951 bis 1959 Studium; Mitarbeit am Institut für Neutestamentliche Textforschung, praktische Ausbildung, Ordination; 1960 bis 1963 Gemeindepfarramt; 1963 heiratete sie Albrecht Schönherr. Von nun an arbeitete sie ehrenamtlich im Bereich der Kirche; 1965-1988 Pfarrfrauenarbeit in Berlin-Brandenburg und im Bund Evangelischer Kirchen; seit 1969 Mitarbeit im Präsidium der Evangelischen Kirchentagsarbeit in der DDR; 1978-1992 Mitglied bzw. Vorsitzende im Kuratorium der Evangelischen Akademie Berlin-Brandenburg; 1981-1991 Vorsitzende der Evangelischen Frauenarbeit; seit 1992 Mitglied im Präsidium des Deutschen Evangelischen Kirchentages.

»Ist es denn das Ziel der Emanzipation, kann es überhaupt erstrebenswert sein, daß die Frauen werden wie die Männer, also dasselbe tun dürfen, dieselben Rechte wie sie bekommen und immer mehr auch wahrnehmen können, wo doch die Männer es so sehr nötig hätten, selber emanzipiert zu werden? . . . Wir müssen endlich begreifen, daß nicht der Mann das Modell für den Menschen ist, sondern Mann und Frau.«
Christa Wolf

Eine Theologin, die sich selbst als feministisch versteht, die vor 1933 geboren und christlich ist, und darüber hinaus aus der ehemaligen DDR stammt, das sind zunächst die einzigen Facetten gewesen, die uns von Annemarie Schönherr bekannt waren. Es war genau dieses vage Bild, das uns neugierig werden, das uns erwartungsvoll nach öffentlichen Spuren in der kirchlichen und theologischen Frauenbewegung suchen ließ. Und wir fanden sie in reichhaltigen Essays und Aufsätzen, veröffentlicht in verschiedenen Büchern, in

der dokumentierten Zusammenarbeit mit feministischen Theologinnen aus dem Westen, wie z. B. den Kirchentagen in Hannover und Düsseldorf, ebenso in verschiedenen Vorträgen und Predigten. Hinzu kamen die ersten schriftlichen und telefonischen Kontakte. Das vage Bild gestaltete sich aus. Es wurde rund und vielfältig.
Anfang August 1997 war es dann soweit. An einem heißen Sommertag begegneten wir Annemarie Schönherr in Berlin-Waldesruh, einem kleinen, ruhigen Vorort der ehemals zweigeteilten Großstadt. Bei Kaffee und Kuchen entfalteten sich im lebhaften Gespräch die Lebensverhältnisse, Erfahrungen und Schwierigkeiten einer feministischen Theologin auf dem Hintergrund der ehemaligen DDR und der besonderen Situation des heutigen Ostens nach der Wiedervereinigung der beiden deutschen Staaten. Annemarie Schönherr berichtet:

Emanzipation hieß: »Frauen auch«

Als ich mich 1951 entschloß, Theologie zu studieren, wählte ich, wie viele andere, diesen Weg in bewußter Abgrenzung gegen den Staat, in dem ich lebte. Ich stamme aus einer Lehrerfamilie. Vater, Großvater, Urgroßvater und andere Verwandte waren Lehrer, aber für mich kam dies aus politischen Gründen nicht in Frage. Das war ein Beruf, der stark unter der Regie des Staates stand, der einseitig Menschen zu prägen versuchte. Das ist im Laufe der Jahre, die ich noch zur Schule gegangen bin und studiert habe, immer stärker geworden. Wir wurden z. B. auch als Theologiestudenten an einer staatlichen Fakultät in Marxismus/Leninismus unterrichtet. Das waren Pflichtfächer im Studium.
Theologie zu studieren, war meine eigene Entscheidung. Ich habe das zu Hause ein bißchen durchfechten müssen, meine Mutter war damit nicht einverstanden. »So ein Männerberuf, so ein ernster Beruf«, hat sie immer gesagt. Es war damals für viele Leute eine verrückte Entscheidung, obwohl die Zahl der Frauen, die Theologie studierten, nicht mehr so klein war. An der Fakultät waren wir als Frauen selbstverständlich akzeptiert. Freilich, die meisten ließen sich spätestens nach dem 1. Examen zur Katechetin oder Gemeindehelferin ausbilden, um später ihren Pfarrmännern helfen zu können. Ich gehöre einer Generation an, die sozusagen auf den Schultern der um ihre Rechte kämpfenden Mütter und Schwestern problemlos durch die theologische Ausbildung kam, ordiniert und von einer Gemeinde akzeptiert wurde. Wir waren keine Elite mehr, brauchten uns im Studium kaum mehr durch besondere Leistungen zu

beweisen. Daß alles, was wir lernten, durch den Filter männlichen Denkens und Urteilens gegangen war, fanden wir nicht weiter bemerkenswert. Streifte uns manchmal der Verdacht, daß diese Einseitigkeit uns in ein Schema preßte, das uns Schwierigkeiten machte? Ja, doch es gab solche Gelegenheiten. Im Studium habe ich mich z. B. immer ein bißchen geniert, daß ich mich nicht für Dogmatik interessiert habe. Heute verstehe ich mein Unbehagen als eine nicht untypische Reaktion auf eine von Männern erdachte, zergliedernde und abstrakte Wissenschaftlichkeit. Damals stellten wir keine Fragen zu dem Thema Frauenbewußtsein. Wir haben aber darüber gesprochen, ob es gut sei, eine junge Frau, die gerade ihr zweites Examen gemacht hat und ganz allein lebt, irgendwo auf das Land zu schicken und ihr sechs Dörfer ans Herz zu legen. Denn Männer haben immer ihre Frau. Viele Frauen meiner Generation haben es sehr hart gehabt am Anfang.
Warum ich nun das Glück hatte, in eine Stadtgemeinde in Halle geschickt zu werden, weiß ich nicht. Aber das habe ich schon als Vorzug registriert. Es gab jedenfalls in der Stadtgemeinde einer unierten Landeskirche keinen spürbaren Gegenwind gegen eine Pastorin. Da spielt es sicher eine Rolle, daß in der alten DDR Frauen, die ja auch im Krieg ihren Mann stehen mußten, nahtlos nach dem Krieg in alle Berufe übernommen wurden und Gleichberechtigung in der Berufswahl sehr forciert wurde. Daß Frauen dann in der Regel nicht in gehobene Positionen kamen, hing nun wieder damit zusammen, daß sich an dem Männerbild nichts verändert hat. Das Modell für den Menschen blieb der Mann. Gleichberechtigung wurde verstanden und verordnet auf dem Hintergrund der sozialen, ökonomischen und politischen Situation im 19. Jahrhundert und den darauf basierenden Forderungen. Mit dem Gleichberechtigungsparagraphen, § 20 der Verfassung der DDR von 1949, galt die Frauenfrage als gelöst. Als Geschlechterfrage kam sie nicht in den Blick. Emanzipation hieß: »Frauen auch«. Zusätzlich zu allem, wofür sie ohnehin zuständig sind und bleiben, nämlich Kinderkriegen, aber auch Haushalt und Kindererziehung, dürfen sie nun auch noch 8 3/4 Stunden am Tag in irgendeinem Beruf arbeiten. Bei oft gleichen Startbedingungen blieben viele im Laufe der Jahre hinter ihren Männern zurück, weil sie weniger Chancen zur beruflichen Qualifizierung wahrnehmen konnten. Wenn ich jetzt so verallgemeinere, dann beschreibe ich Tendenzen. Es gibt natürlich immer Ausnahmen, in der Politik genauso wie in der Kirche. In den Leitungsrängen tummeln sich die Männer, und dort gab es immer mal eine Alibifrau. Natürlich, Margot Honnecker war »Minister«. Frauen aus dem Osten sagen ihre Berufsbezeichnung oft noch männlich. So als ob sie betonen wollen: »Wir sind genau so gut wie die Männer.«

»Als Frau in einem Männerberuf« habe ich auch zu Beginn meiner Amtszeit gesagt. An ihrem Ende wollte ich ein Buch mit diesem Titel schreiben. Der Triumph über das Erreichte drückte sich in dieser Absicht aus, weniger das Bewußtsein, das jahrtausendealte Amt anders gestalten zu wollen – auch wenn wir, ohne das bewußt zu tun, vieles anders angingen. Als ich nach einigen Jahren Gemeindepfarramt und wenigen Monaten Arbeit in der Studentengemeinde heiratete, ging ich ohne Protest aus dem Amt. Mit meiner Heirat haben meine Amtspflichten geruht. Ich habe dennoch Gottesdienste gehalten, wenn ich darum gebeten wurde. Ich habe auf vielen Tagungen das Abendmahl ausgeteilt, ich habe getauft und getraut, nicht um Kirchenjuristen oder Amtsträger zu ärgern, sondern weil ich einfach nie begreifen konnte, wie und warum meine Ehe meine Ordination verletzt haben sollte.

Frauenbewußtsein: Stationen – Erkenntnisschritte

Für mich begannen meine frauenbewußten Erkenntnisse in der Tagungsarbeit mit Pfarrfrauen. Das traditionelle Bild des evangelischen Pfarrhauses, von Luther in ein ganz anderes soziales Umfeld gesetzt, begann zu bröckeln, als ich 1965 mit dieser Arbeit begann. Von den jüngeren Frauen wurde es zunehmend hinterfragt. Sie waren nicht länger bereit, den oft bewundernswerten Einsatz der älteren als Leitbild für sich zu akzeptieren. 1976 lud die Kirchenleitung von Berlin-Brandenburg zu einem Hearing ein. Drei Gruppen von Frauen, die unterschiedlich lebten, als »Nur-Pfarrfrauen«, als innerkirchlich oder als außerkirchlich berufstätige Pfarrfrauen, trugen dort vor, was ihre jeweilige Lebensweise für sie selbst, den Beruf des Mannes und die Familie bedeutete. Die Kirchenleitung erkannte danach ausdrücklich alle drei Formen als jeweils gleichberechtigt an – immerhin. Ja, mein Frauenbewußtsein ist eigentlich mehr an anderen Frauen gewachsen als an mir selbst.

Als man mich dann in die Frauenarbeit holte, gehörte ich noch ganz stark zu denen, die gesagt haben: »Na gut, solange es noch Frauenarbeit gibt, müssen wir auch einen Rahmen dafür bieten, daß Frauen sich treffen können, aber eigentlich geht es um die Gemeinschaft von Frauen und Männern miteinander.«

Der Begriff Feminismus war offiziell verpönt und Frauen vorbehalten, die in der westlichen Welt oder in den Entwicklungsländern um Befreiung von Ausbeutung und Unterdrückung, um gleiche Rechte in allen Lebensbereichen kämpfen mußten. Unser Bewußtseinsstand in dieser Zeit, der auch von

unseren Vertreterinnen bei der ÖRK-Tagung »Sexism in the seventieth« 1974 in Berlin repräsentiert wurde, war noch so, daß wir dachten, Feminismus haben wir in dem Sinne nicht nötig. Die gesetzlich verankerte Gleichberechtigung bedürfe zwar noch einiger Einsichten und Korrekturen, aber mit ihr sei der entscheidende Schritt bereits getan. Der Facharbeiterkreis »Mann und Frau in Familie, Kirche und Gesellschaft« beim Bund Evangelischer Kirchen wähnte sich bis zu Beginn der 80er Jahre progressiv und gut beraten, wenn er zu ökumenischen Konferenzen zum Erstaunen und manchmal wohl auch zum Ärger der Teilnehmerinnen aus anderen Ländern, ganz bewußt auch Männer delegierte. Das war denen dann ein bißchen peinlich. So haben uns die Männer dann erzählt, daß sie sich doch etwas komisch vorgekommen sind.
1979 oder 1980, das kann ich nicht genau sagen, luden wir dann das erste Mal DDR-weit Frauen aus verschiedenen Landeskirchen zu einem feministischen Arbeitskreis ein. Die Evangelische Akademie Berlin-Brandenburg hielt 1980 ihre erste Tagung zu feministischer Theologie. Auch an anderen Orten fanden sich Anfang der 80er Jahre kleine Gruppen zusammen, die miteinander feministische Literatur lasen und in denen Frauen begannen, sich als »eigene Menschen« zu entdecken. Ich erwähne damit Elisabeth Moltmann-Wendels Buch »Ein eigener Mensch werden«, das damals vielen wichtig wurde. Gleichzeitig ist das Buch von Catharina Halkes »Gott hat nicht nur starke Söhne« erschienen, das erst 1988 als erstes Buch über feministische Theologie in der DDR gedruckt wurde. Also, alles was in Westdeutschland gelesen wurde, kam auf irgendwelchen Wegen immer auch zu einigen von uns, und wir haben dann natürlich sehr viele Sachen verborgt und weitergereicht. So fing dann auch bei uns ein Verständnis für die Tatsache an, daß Gleichberechtigung nicht erkämpft war, sondern mit dem politischen System von »außen« oder »oben« verordnet und deshalb von Frauen nicht reflektiert war.

Unterschiede – gemeinsame Aufgaben

Erst 1987 hatten wir auf einem Kirchentag in der DDR ein Frauenforum, und es zeigt wie anders bestimmte Voraussetzungen bei uns doch waren. Beim Kirchentag wurde der Hauptakzent darauf gelegt, Menschen stark zu machen, ihnen Mut zu machen, sich in diesem Staat, in dem alles Öffentliche unter einer einheitlichen Sprache und Ideologie stand, als Christen zu artikulieren. Vielleicht ist das der Hauptunterschied, daß bei uns die

Erkenntnis erst reifen mußte, daß wir zwar die Gleichberechtigung haben, aber wir dem Staat und der Kirche die Defizite abtrotzen mußten, die noch da sind. Christa Wolf hat schon in den 70er Jahren darauf hingewiesen, daß wir über die gesetzlich garantierte Gleichberechtigung hinaus müssen. Und sie drückt es in etwa so aus: »Kann es denn das Ziel sein, daß die Frauen werden wie die Männer, wo doch die Männer es selber nötig hätten, emanzipiert zu werden?« Oder sie sagt an anderer Stelle: »Wir müssen endlich begreifen, daß nicht der Mann das Modell für den Menschen ist, sondern Mann und Frau.« Das ist im Grunde die Neuauslegung der Schöpfung. Das sind Aussagen, die sie von einem Hintergrund aus formuliert, auf dem sie bewußt als Marxistin angefangen hat. Aber die Aussagen sind keine anderen als die in einer anderen patriarchalen Gesellschaft. Auch die Patriarchatskritik der Schriftstellerin Irmtraud Morgner (1933-1990) ist radikal, wie sich an der Abwandlung eines Karl-Marx-Zitats zeigt: »Die Philosophen haben die Welt bisher nur männlich interpretiert. Es kommt aber darauf an, sie auch weiblich zu interpretieren, um sie menschlich verändern zu können.« Das ist ganz nahe am befreiungstheologischen Denkansatz.
Mythisch-spirituelle Ansätze, die Suche nach den Göttinnen, spielen meines Wissens in unserem Raum nur eine geringe Rolle. In Leipzig beim Kirchentag 1997 habe ich es an bestimmten kleinen Echos gemerkt, als es um die Göttinnenfrage ging, da waren fast nur Westfrauen. Ich habe ein paar Ostfrauen gesprochen, die durchaus feministisch aufgeschlossen sind, aber zu diesem Thema nur sagten: »Damit können wir nichts anfangen«. Vielleicht hängt das damit zusammen, daß Sie sich als Christinnen in einem Staat behaupten mußten. Das durchzuhalten, war nicht leicht und in der Regel nur lebbar in der Bindung an eine Gemeinde. Wer in ihr lernte, den eigenen Gedanken zu artikulieren und für das Leben in Beruf und Familie Konsequenzen daraus zu ziehen, kam kaum mit Göttinnenspiritualität in Berührung.

Gerechtigkeit für Frauen – ist das Ziel eine Illusion?

Im Endeffekt muß feministische Theologie, um attraktiv zu bleiben oder es erneut zu werden, die alltäglichen Probleme wieder aufgreifen. Sie muß bodenständiger werden. Wahrscheinlich müssen wir auch den Zusammenhang zwischen theologischen und politischen Fragen an dieser Stelle sehen. Das habe ich auch in der Vorbereitungsphase für die feministische Werkstatt beim Kirchentag gehört; je stärker die Rangeleien um Arbeitsplätze werden, auch im Bereich der Theologie, spielt die Geschlechterfrage wieder eine Rolle. Frauen, die sich eine Weile als Frauen artikuliert haben, sehen jetzt oft nur darauf, wie sie wenigstens an einen Arbeitsplatz kommen. Und da verliert sich vieles.

Im Oktober 1997 z. B. ist das Frauenreferat der Kirche Berlin-Brandenburg dem Rotstift zum Opfer gefallen. Die neugewählte Präses der Synode hat vor ihrer Wahl ausdrücklich erklärt, sie sei keine Feministin. Das ist ihr gutes Recht, natürlich, aber es läßt schon daran zweifeln, daß die Rechte von Frauen von ihr mit Nachdruck eingeklagt werden. Der Anteil von Frauen in Leitungspositionen ist weiter rückläufig. Die ständig zunehmende Zahl von arbeitslosen Frauen, seit 1989 betrug ihr Anteil jeweils deutlich mehr als 50%, bedeutet für viele Frauen oft den Verlust ihrer Identität. Dieses Gefühl der totalen Entwertung endet nicht selten in Depression, Alkohol und Medikamentenabhängigkeit oder anderen physischen Krankheiten. Die Gewalt gegen Frauen nimmt zu, auch in der Ehe. In den Neubaugebieten im Osten ist die Wohnsituation auf die DDR-Wirklichkeit abgestimmt: kleine Wohnungen, in denen sich die drei- bis vierköpfige Familie am Feierabend trifft. Sich scheiden zu lassen, ist viel zu teuer. Die Schließung von Kindergärten, verkürzte Öffnungszeiten der Kindereinrichtungen grenzen die Arbeitsmöglichkeiten für Frauen zusätzlich ein. Kinder werden stärker als früher als Last empfunden. Und die Frauen fallen dabei hinten runter und sagen: »Was hilft mir da die feministische Theologie? Die macht mich eher unbeliebt.«

Für mich ist immer noch der Ansatz aus der Befreiungstheologie entscheidend, und der bedeutet, als Frau »Ich« zu sagen. Männer definieren in allen Wissenschaftsbereichen, auch in der Theologie, wer die Frau eigentlich ist, die andere nämlich. Und von daher ist für mich nach wie vor die Grundlage, auch der feministischen Theologie, daß Frauen sich selbst artikulieren können. Ebenso kommt hinzu, daß feministische Theologie für mich Prozeßtheologie ist, eine auf Zukunft gerichtete, eine, die immer in Entwicklung auf ein Ziel hin ausgerichtet ist. Gleichwertigkeit ist ebenfalls ein wichtiger Begriff für mich, denn Gleichwertigkeit hat ja zum Ziel, daß alles an Vorhandenem, auch an Aufgaben in Gesellschaft und Kirche, auf die Geschlechter verteilt wird. Ich denke, daß alles, was in der Welt im Großen und im Kleinen geschieht, anteilig mitgetragen, formuliert und verantwortet werden müßte.

In feministischer Theologie kommt es darauf an, Frauen Mut zu machen, sich gegenseitig zu stärken, um ihren Anspruch und ihr Verständnis von Religion und Glauben zu artikulieren. Dann, denke ich, kann der Glaube Frauen helfen, gerade jetzt, in einer Situation, in der sich viele weggeworfen und abgelehnt fühlen. Ende September halte ich in Mecklenburg ein Referat über einen Text aus Deuterojesaja: »Gott gib mir Kraft, damit mir Flügel wachsen.« Als ich nun über die Flügel grübelte, hat mir mein Mann einen wichtigen Gedanken vermittelt. »Du mußt dir klar machen,« hat er gesagt, »daß den Engeln die Flügel aus den Schultern wachsen, die Vögel aber Flügel haben, dafür jedoch keine Arme.« Das finde ich hilfreich, weil ich denke, wenn Kopf, Hände und Füße wieder beflügelt werden, sind sie nicht mehr so schwer, wie sie gerade den Frauen in Mecklenburg sind. Mecklenburg ist ein Land mit viel Landbevölkerung. In vielen Dörfern haben 80% der Frauen, die früher Arbeit hatten, nun keine mehr. Was da beflügelt werden heißt? Nicht abheben, eben gerade nicht. Aber, die Lage ungeschminkt analysieren, einander für gemeinsamen Widerstand gegen die Ungerechtigkeit stärken und selbstbewußt einfordern, was Frauen, was einer Frau zusteht. Und zuweilen auch dies: trotz aller Misere wahrnehmen, was alles gelang, seit unsere Mütter anfingen, über ihre Rechte nachzudenken.

Christina Bütof/Ute Werth

(Christina Bütof, geb. 1975 in Eisenach/Thüringen. Seit 1994 Studium der Theologie. Lebt zur Zeit in Heidelberg.)
(Ute Werth, geb. 1959 in Engers/Rhein. Ausbildung zur Krankenschwester von 1977-1980. Seit 1980 Tätigkeit als Krankenschwester. Germanistikstudium seit 1992 und Theologiestudium seit 1994. Ehrenamtliche Mitarbeit im Pfarramt für Frauenarbeit.)

Auswahlbibliographie

1984: Kein Abschied von Jona, in: Heidemarie Langer, Herta Leistner, Elisabeth Moltmann-Wendel (Hg.), Wir Frauen in Ninive, Stuttgart, S. 65-70. – 1985: Nicht länger am alten Muster mitstricken, in: Norbert Sommer (Hg.), Nennt uns nicht Brüder, Stuttgart, S. 168-174. – 1985: zusammen mit Elisabeth Moltmann-Wendel und Reinhild Traitler, Seid fruchtbar und wehrt Euch, München. – 1988: Vorwort in: Catharina J. M. Halkes, Gott hat nicht nur starke Söhne, Berlin (DDR), S. 7-10. – 1991: Feministische Theologie: In der ehemaligen DDR, in: Wörterbuch der Feministischen Theologie, Gütersloh, S. 106-108. – 1991: Was ist da eigentlich passiert? Verunsicherungen und Enttäuschungen, Mißverständnisse und Verletzungen im deutsch-deutschen Zusammenwachsen, in: epd Dokumentation 1991, S. 33-38.

Mit Lust und langem Atem

Luise Schottroff

Luise Schottroff wurde 1934 in Berlin geboren. Sie promovierte 1960 zum Dr. theol. an der Universität Göttingen. 1961 heiratete sie Willy Schottroff, 1963 wurde ihr Sohn Daniel geboren. 1969 habilitierte sie sich im Fach Neues Testament an der Universität Mainz, wo sie von 1969 – 1986 als Privatdozentin, wissenschaftliche Rätin und Professorin tätig war. Seit 1986 lehrt sie als Professorin an der Universität Gesamthochschule Kassel.

Wir sind Luise Schottroff in den Jahren 1992/93 erstmals persönlich begegnet. Zu dieser Zeit war sie schon Professorin an der Universität Gesamthochschule Kassel und eine bekannte feministische Befreiungstheologin. Wir haben das Glück, mit ihr zusammen arbeiten zu dürfen und an dem Wissen und der Herzenswärme dieser klugen Frau Anteil zu haben. Wir gehören zur dritten Generation feministischer Theologinnen und können uns schon auf die Arbeit und die Kämpfe unserer »theologischen Mütter« beziehen. In denen, die vor uns diesen mühsamen Weg gegangen sind, haben wir Vorbilder, Lehrerinnen und Freundinnen gefunden. Luise Schottroff ist für uns besonders wichtig geworden, deshalb möchten wir sie und ihren Werdegang vorstellen.

»So schlau wie die Jungs bist du allemal!«

Für Luise Schottroff liegen die Wurzeln ihrer späteren Theologie schon im Elternhaus. Ihre Mutter war in der Frauenbewegung sehr engagiert. Der Vater, selbst Theologe und Pfarrer der Bekennenden Kirche in Berlin, eröffnete seiner Tochter schon früh den kritischen Blick auf Gesellschaft, Theologie und Kirche. Er war zunächst gegen das Theologiestudium, weil er am Beispiel seiner Schwester, der Theologin Elisabeth Klein, miterlebte, wie schlecht die Berufsaussichten für Frauen in der Kirche waren. Doch die Tochter setzte sich durch: »Mein Vater hat ganz scharf gesagt: ›Eine Frau hat in dieser Kirche keine Chance, laß die Finger davon!‹ Er hat recht gehabt. Das Problem war nur: wer hört mit 17 auf seinen Vater?!« Es war nicht ein Studium als solches, gegen das sich der Vater wendete. »Er wäre sicher sehr zufrieden gewesen, wenn ich etwas Ordentliches studiert hätte wie etwa Jura.«

Luise Schottroff studierte in Berlin, Bonn und Göttingen Theologie. Dabei war insbesondere die Göttinger Zeit für sie wichtig. Ihr Verlobter Dietrich Braun starb in Göttingen an Krebs. In Göttingen lernte Luise Schottroff Hannelore Erhart kennen, mit der sie seitdem eine enge Freundschaft verbindet. Die sieben Jahre ältere Hannelore Erhart, die zu dieser Zeit Assistentin bei Otto Weber – Luise Schottroffs Doktorvater – war, unterstützte sie in vielem »und zwar sowohl bei meiner wissenschaftlichen Arbeit als auch in lebenspraktischer Hinsicht. Mit Hannelore war ich damals jeden Tag zusammen. Wir haben zusammen gesessen und Tee getrunken und alles beredet, was zu bereden war.« Neben der Ermutigung durch die Freundin war es vor allen Dingen die Mutter, die sie in ihrem Vorhaben, wissenschaftlich zu arbeiten, unterstützte. »So schlau wie die Jungs bist du allemal« – da sie zwei Brüder hatte, wußte sie ganz konkret, was das hieß. »Meine Mutter hat mir immer den Eindruck vermittelt: ›Stürz dich mitten ins Getümmel. Laß dich nicht auf Nebengleise ein. Du machst jetzt das erste Examen und dann – was ist die nächste Herausforderung?« Luise Schottroff selbst empfindet bis heute große Freude am Forschen, »am Finden und Fummeln«. »Daß ich überhaupt geistig existieren kann, hängt davon ab, daß ich wissenschaftlich arbeite.«

Die Versöhnung von Alltagsverstand, Aufklärung und christlicher Tradition

Luise Schottroff hat nach der historisch-systematischen Promotion bei Otto Weber über reformatorische Sterbebücher mit ihrer Habilitation im Fach Neues Testament begonnen, in der sie sich mit dem gnostischen Hintergrund des Johannesevangeliums und der paulinischen Briefe beschäftigte. »Das Neue Testament hatte ich im Studium schon immer sehr geschätzt. In Göttingen habe ich sogar angefangen, Koptisch zu lernen. Es bereitete mir ein riesiges Vergnügen, gnostische Texte aus dem Koptischen zu übersetzen.« Ein zweiter Grund für den Wechsel zum Neuen Testament lag wohl in der Perspektive, die sie im Gefolge Bultmanns anzuwenden gelernt hatte: »Bultmanns Theologie war für mich die Versöhnung von Alltagsverstand, Aufklärung und christlicher Tradition.« Auch der Ehrgeiz spielte bei ihrer Entscheidung, im Neuen Testament zu habilitieren, eine entscheidende Rolle: »Es war das allerhärteste Fach, und ich sagte mir: ›Das wollen wir doch mal sehen, ob ich das nicht auch kann!‹« Wesentlich aber war wohl ihre bis heute ungetrübte Liebe zu biblischen Texten: »Die Bibel, speziell das Neue Testament hat mich immer wieder fasziniert. Jetzt arbeite ich schon ein Leben lang mit diesem kleinen Buch und bin immer wieder erstaunt, was ich alles entdecken kann, wenn ich neu hingucke. Es ist eben kein Dokument, das am Schreibtisch entstanden ist, sondern eines aus einer Bewegung. Die Texte der Bibel sind etwas Gewachsenes. Sie enthalten eine Sprache, um die ich diese Menschen beneiden kann für ihre Bildhaftigkeit und ihre Hoffnungskraft.« Luise Schottroff bezeichnet die Bibel als »Liederbuch der Armen«, das aus dem »Schatz der *koinonia* stammt, dem Teilen von Angst, Hoffnung und Brot, der gemeinsamen Überlegung, welcher Schritt im Alltag der nächste sein soll.« Für sie war sie stets Inspirations- und Kraftquelle.

Die Existenzgrundlage für die Habilitation bot ihr eine Stelle als wissenschaftliche Assistentin an der Universität Mainz, die Herbert Braun ihr angeboten hatte. Sie erhielt die Stelle nicht etwa deshalb, weil der Vater ihres verstorbenen Verlobten sich ihr gegenüber verpflichtet fühlte, sondern weil er die Stelle nur an DDR-Flüchtlinge (wie Luise Schottroff, deren Eltern noch in Ostberlin lebten) vergeben durfte – eine Kuriosität des Kalten Krieges. Herbert Braun selbst hat zwar von ihr immer als von einer sehr begabten Schülerin gesprochen, aber gleichzeitig deutlich gemacht, daß er »nichts von Frauen in der Wissenschaft hält.«

In Mainz lernte sie den Alttestamentler Willy Schottroff kennen. Sie heirateten im Juli 1961. Ein zärtlich liebevolles Band sollte die beiden bis zu seinem Tod im Mai 1997 verbinden. Willy Schottroff war zugleich Kollege, Lehrer, Freund und Ehemann, der auch die Erziehung ihres Sohnes gleichberechtigt mit ihr teilte und sie in ihrer wissenschaftlichen Arbeit unterstützte. »Mir wurden sehr viele ›Unverschämtheiten‹, anders kann ich es nicht nennen, nahegebracht. Ich solle aufhören zu arbeiten, ich wäre eine schlechte Mutter und würde Männern den Arbeitsplatz wegnehmen und wer weiß was noch alles.« Als Luise Schottroff 1986 ihre C4-Professur in Kassel antrat, verlegten die beiden ihren Lebensmittelpunkt nach Kassel, obwohl Willy Schottroff einen Lehrstuhl für Altes Testament in Frankfurt innehatte. »Mit meinem Mann habe ich die Erfahrung gemacht, ein solidarisches Leben führen zu können.«

1969 konnte Luise Schottroff ihre Habilitation einreichen. »Die Annahme hing am seidenen Faden. Es war zu befürchten, daß die gesamte Fakultät dagegenstand. Ich habe damals immer gedacht, daß es an meiner politischen Aktivität lag, bis ich allmählich verstanden habe, daß da noch ein ganz anderer Ton mitspielte. Im nachhinein würde ich sagen: Die Anfeindungen hatten entscheidend damit zu tun, daß ich eine Frau war.«

Die Revolution mit der Bibel

Als 34jährige erlebte Luise Schottroff die Studentenbewegung: »Ich war zu der Zeit etwas älter als die eigentliche 68er Generation, aber als wissenschaftliche Assistentin noch ganz nah an den StudentInnen dran. Zunächst fand ich das, was ich in Mainz erlebt habe, lächerlich. Im breitesten Rheinhessisch wurde zum Beispiel die Frage diskutiert: ›Machen wir die Revolution mit der Kärsch oder ohne die Kärsch?‹ Wichtig für mich war allerdings die Theoriearbeit, die vehement eingefordert wurde. In diesem Zusammenhang habe ich Texte von Marx und aus der Frankfurter Schule gelesen.« Sie schloß sich dann sehr bald den »Christen für den Sozialismus« an und war an der Gründung des bis heute existierenden »Heidelberger Arbeitskreises für sozialgeschichtliche Bibelauslegung« beteiligt. Das Konzept dieses Arbeitskreises ist es, die Auslegung von biblischen Texten in gesellschaftliche Praxis einzubinden und stets auch Themen aus Arbeitswelt und Ökonomie zu behandeln. In dieser Zeit wurden für Luise Schottroff das von Ernesto Cardenal herausgegebene »Evangelium der Bauern von Solentiname« und andere lateinamerikanische befreiungstheologische Schriften wichtig. Das Evangelium der Armen ist seitdem der Schlüssel für ihre Arbeit mit biblischen Texten.
Das Interesse für feministische Fragestellungen wurde erst später geweckt. Mitte der 70er Jahre lernte sie Theologinnen kennen, die bereits feministisch arbeiteten. Besonders beeindruckt war sie von Catharina Halkes und deren wissenschaftlicher und basisorientierter Arbeit. »Angefangen habe ich, indem ich mich für Frauengeschichte interessiert habe. Da ich schon einen befreiungstheologischen Ansatz hatte, war mein frauengeschichtlicher Blick nicht objektivierend und unbeteiligt, sondern beteiligt. Insofern war meine feministische Forschung von Anfang an von historischem Interesse und befreiungstheologischer Hermeneutik geprägt.« Erste feministisch-theologische Veranstaltungen hielt sie dann aufgrund der Initiative von Studentinnen in Mainz. 1985/86 war sie mit sechs anderen Frauen aus verschiedenen europäischen Ländern an der Gründung der europäischen Gesellschaft für theologische Forschung von Frauen (ESWTR) beteiligt. Obwohl sie sich nicht der autonomen Frauenbewegung anschloß, war ihr Ort doch stets in den

frauenbewegten Kreisen innerhalb politischer Gruppen. Vor allem zur Zeit der Friedensbewegung in den frühen 80er Jahren begegnete sie Frauen, »die Power hatten. Im Hunsrück beim Protest gegen das US-Atomwaffendepot waren es vor allem frauenbewußte Frauen, die die Friedensarbeit organisiert haben.« Sie selbst wurde 1987 wegen der Blockade der Zufahrt verurteilt – zu einer Strafe, die mittlerweile aber wieder aufgehoben ist.

Die Begeisterung weitergeben

1983 wurden Luise und Willy Schottroff als GastprofessorInnen für Neues und Altes Testament an die Vancouver School of Theology eingeladen, um am wissenschaftlichen Begleitprogramm der Universität zur Tagung des Weltkirchenrates, der auf ihrem Gelände stattfand, teilzunehmen. Hier entstanden erste Kontakte zu weltweit arbeitenden ökumenischen Kreisen, deren Arbeit sie dort miterleben konnte. »Die Verbindung von politischer Arbeit und der Reflexion darüber, was es heißt, daß sie Frauen sind, hat mich vor allem bei den Frauen in der Südafrikaarbeit beeindruckt.« Begeistert war sie aber auch von der Spiritualität der ökumenischen Bewegung, »der es möglich war, ohne diese unwahrhaftige dogmatische Sprache lebensnah, alltagsnah und menschennah Gerechtigkeit und Hoffnung auszudrücken.« Seit 1981 hat Luise Schottroff fast auf jedem Kirchentag mehrere Bibelarbeiten abgehalten, in den letzten Jahren zusammen mit Dorothee Sölle und der Gruppe Habakuk unter der Leitung von Eugen Eckert. Gemeinsam haben sie ein Konzept entwickelt, das die Anwesenden auch in einer großen überfüllten Halle so mit einschließt, daß die Bibelarbeiten zu einem Gemeinschaftswerk und -erleben vieler werden.

Patriarchatsanalyse als Aufgabe feministischer Befreiungstheologie

1986 entschied sich Luise Schottroff, den Ruf an die Gesamthochschule Kassel anzunehmen. »Das war für mich eine Entscheidung für den Feminismus. In Mainz ging es mir recht gut, unter den Studierenden hatte ich großen Rückhalt und stets volle Vorlesungssäale. Politisch hätte ich dort aber keine Promotionen durchsetzen können. In Mainz herrschte Enge und Zwanghaftigkeit und die Unfähigkeit, Gedanken, die man noch nicht gehört hat, zuzulassen. In Kassel war das Klima von Anfang an ganz anders, viel offener. Hier wurde ich unterstützt und fühlte mich recht schnell

wohl.« Bekannt gemacht haben den entstehenden »Forschungsschwerpunkt Feministische Befreiungstheologie« in Kassel vor allem die Sommeruniversitäten, die Luise Schottroff und ihre damalige Mitarbeiterin, die katholische Theologin Christine Schaumberger, von 1987-1990 durchführten. Die Sommeruniversitäten beschränkten sich nicht auf Akademikerinnen, sondern waren offen für Laiinnen. Neben Studentinnen und Vikarinnen nahmen auch viele Frauen aus der Frauenbewegung teil. »Die Mischung habe ich immer als sehr produktiv empfunden. Es waren auch immer einige alte, weißhaarige Frauen dabei, das war sehr schön.« Inhaltlich kamen wichtige Impulse von Christine Schaumberger, die die Analysekategorie Patriarchat in die Diskussionen einbrachte. »Für mich klang das anfangs etwas strohern, aber Christine drang darauf, daß wir mit einem patriarchatskritischen Ansatz arbeiten, wobei Patriarchat in einem weiteren Sinn zu verstehen ist.« Die Reader der Sommeruniversitäten repräsentieren auch heute noch ganz aktuell ein wichtiges Stück feministisch-theologischer Arbeit.
Ihr Ziel, in Kassel einen Ort zu schaffen, an dem sich feministisch-befreiungstheologisch arbeitende Frauen und Männer qualifizeren können, hat Luise Schottroff erreicht. Aktuell sind es 12 DoktorInnen, die bei ihr promoviert haben. Bis 1999, dem Jahr ihrer Pensionierung, sollen es möglichst noch einmal soviele werden. Im DoktorandInnenkolloquium, in dem interdiziplinär gearbeitet und gestritten wird, haben viele Frauen und Männer Unterstützung und Ermutigung erfahren, die ihnen an ihren ursprünglichen Universitäten vielfach versagt geblieben ist.

Feministische Theologie hat Zukunft

Die Situation für feministische Theologinnen schätzt Luise Schottroff recht nüchtern ein. »Die Universitäten schaffen es, das bornierte Klima aufrechtzuerhalten, auch wenn die Generationen wechseln. Zur Zeit gibt es anscheinend nur ein Erfolgsrezept, um als Frau unangefochten Karriere machen zu können: jung und konservativ sein und sich dezidiert antifeministisch äußern. Wir haben schon jetzt wieder junge Leute, die genauso eng denken wie meine Generation.« Frauen, die bewußt feministisch-theologisch arbeiten wollen, rät sie, sich einen UnterstützerInnenkreis und einen feministischen Diskussionzusammenhang aufzubauen »- auch wenn frau dafür nach Amerika fahren muß!« Trotz aller realistischen Betrachtung der aktuellen Situation sieht sie feministische Theologie in Deutschland nicht am Ende:

»Eine Chance hat feministische Theologie nicht wegen der Universtäten, sondern trotz der Universitäten: Wenn ich mir angucke, wieviel Begeisterung und Aufbruch immer wieder dort entsteht, wo feministisch-theologisch gearbeitet wird, da habe ich überhaupt keine Sorge. Ich sehe, daß es immer wieder junge Frauen gibt, die dies für sich entdecken und sich auch nicht davon abbringen lassen.« In dem neugegründeten Verein »GrenzgängerIn« will sich Luise Schottroff auch in den nächsten Jahren weiter für feministische Theologie engagieren.

Dagmar Henze/Claudia Janssen

Auswahlbibliographie

1988: zusammen mit Christine Schaumberger, Schuld und Macht. Studien zu einer feministischen Befreiungstheologie, München. – 1990: Befreiungserfahrungen. Studien zur Sozialgeschichte des Neuen Testaments, Theologische Bücherei Bd. 82, München. – 1994: Lydias ungeduldige Schwestern. Feministische Sozialgeschichte des frühen Christentums, Gütersloh. – 1995: zusammen mit Silvia Schroer und Marie-Theres Wacker, Feministische Exegese. Forschungserträge zur Bibel aus der Perspektive von Frauen, Darmstadt. – 1996: zusammen mit Marie-Theres Wacker (Hg.), Von der Wurzel getragen. Christlich-feministische Exegese in Auseinandersetzung mit Antijudaismus, Leiden-New York-Köln. – 1998: zusammen mit Marie-Theres Wacker (Hg.), Kompendium Feministische Bibelauslegung, Gütersloh.

»Die Vereinzelung aufheben«

Helen Schüngel-Straumann

Geboren 1940 in St. Gallen/Schweiz, aufgewachsen in fünf Schweizer Kantonen; Abendgymnasium in Zürich. Studium der katholischen Theologie in Tübingen, Paris und Bonn; 1964 Diplom; 1969 Promotion; 1975 Akademische Rätin an der PH Rheinland, Abteilung Bonn; 1987 Professorin für Biblische Theologie an der Universität Gesamthochschule Kassel; Helen Schüngel-Straumann lebt in Kassel und im Engadin.

Allein zwischen allen Stühlen ...

»Wenn ich etwas will und finde, daß das mein Weg ist, dann mache ich dafür auch alles, was nötig ist.« Schon nach einer Viertelstunde unseres Gesprächs bei ihr zu Hause in Kassel äußert Helen Schüngel-Straumann einen Satz, der mir sowohl für ihr Leben als auch für ihren Werdegang als (feministische) Theologin typisch zu sein scheint. Sie präsentiert sich mir als gut vorbereitete und sehr zuvorkommende Gesprächspartnerin, die die uns zur Verfügung stehende Zeit optimal nutzen möchte. Binnen kürzester Zeit bin ich über Herkunft und Familiengeschichte informiert: Helen Schüngel-Straumann ist das älteste von fünf Kindern, das früh für die jüngeren Geschwister Verantwortung übernehmen mußte. Der Beruf des Vaters – er war Zollbeamter – nötigte die Familie zu zahlreichen Umzügen: »Ich bin in fünf Schweizer Kantonen zur Schule gegangen, habe dreimal die Sprache gewechselt: Schweizerdeutsch, Italienisch, Französisch, später habe ich dann Hochdeutsch gelernt.« Aus der Rückschau erzählt sie: »Ich habe das als positiv erlebt, es macht einen flexibel. Ich habe deswegen vielleicht mit der Exegese auch ein Fach gewählt, in dem die Sprache eine Rolle spielt.«
Bereits in der Kindheit gerät ihr Geschlecht ins Zentrum der Aufmerksamkeit: »Mein Vater hat immer gesagt: ›Schade, an dir ist ein Junge verlorengegangen.‹ Er wollte halt immer gern, daß ich ein Sohn sei. Biographisch ist dieser Umstand bestimmt wichtig.« So berichtet Helen Schüngel-Straumann, sie habe sich schon in der Kindheit für theologische Fragen interessiert und sich kirchlich engagiert: »Ich habe Meßdiener instruiert, weil ich so gut Latein

konnte. Ich als Mädchen durfte ja damals so etwas nicht machen.« Von den Eltern erzählt sie, daß sie »sehr katholisch im vorkonziliaren Sinne« gewesen seien, und setzt sich von deren und der zeitüblichen »heuchlerischen Frömmigkeit« ab: »Das Wesentliche hat man nicht gesehen, statt dessen hängte man sich an Formalien auf.« Ein längerer Block unseres Gesprächs ist der Illustration dieser Analyse gewidmet; Helen Schüngel-Straumann erinnert sich daran, wie das Nüchternheitsgebot zwei Kinder von der gemeinsamen Erstkommunionfeier ausschloß bzw. an einen Kaplan, der einer Mutter beim Tod ihres Kindes den einzigen Trost nahm, indem er erklärte, das Kind sei nicht gültig getauft worden.

Dennoch habe sie sich der Kirche zugewandt und dort angesichts der vielen Umzüge der Familie stets »etwas Festes« gefunden. Um nicht gleichfalls den bigotten Frömmigkeitsformen zu erliegen, habe sie früh versucht, durch die Lektüre »fundierter theologischer Bücher« ihren Fragen »auf den Grund zu gehen.«

Der Wunsch, Theologie zu studieren, rückte aufgrund ihres Geschlechts zunächst in weite Ferne: »Ich durfte nicht aufs Gymnasium, weil ich ja nur ein Mädchen war. Mit viel Mühe haben mir meine Eltern die Handelsschule genehmigt, danach konnte ich als Sekretärin arbeiten. Mit 18 bin ich von zu Hause weggegangen und habe das Abendgymnasium gemacht.« Auch während des Studiums der katholischen Theologie in Tübingen bei Herbert Haag und Hans Küng wurde sie von der Familie nicht unterstützt: »Ich habe kein Geld von zu Hause gekriegt, auch kein Buch, meine Eltern haben mein Studium einfach ignoriert.« Sie mußte sich durch ihr Erspartes und durch Arbeit in den Semesterferien finanzieren, außerdem erhielt sie eine Hilfskraftstelle bei Herbert Haag. Wieder aber fiel Helen Schüngel-Straumann allein durch ihr Geschlecht auf: »Ich war damals weit und breit das einzige Mädchen. Frauen, die Volltheologie studierten, gab es nicht. Ich muß monatelang im Stift das Tagesgespräch gewesen sein. Es ist schon ungewöhnlich, wenn man als einzige Frau unter lauter Männern sitzt, aber ich hatte damit eigentlich keine Probleme. Ich glaube, die anderen hatten die Probleme.« Unter all den angehenden Geistlichen ihrer Umgebung war sie ein extraordinäres Wesen, das zwar gelegentlich »komisch«, nicht aber ungerecht behandelt wurde: »Meine Zwischenprüfung mußte ich zusammen mit den Priesteramtskandidaten ablegen, aber ich sollte irgendwie räumlich von ihnen getrennt und doch im gleichen Raum sein. Es wurde dann so eine Art spanische Wand aufgestellt, und ich mußte ganz hinten an einem Extratisch sitzen. Man wußte einfach nicht, was man mit mir machen sollte.« Insgesamt lobt sie die guten Bedingungen, die den Theologiestudenten und –studentinnen der

60er Jahre vor allem in fachlicher Hinsicht zuteil wurden, setzt aber hinzu, daß sie gerne mit mehr Frauen studiert hätte.
»Die schwere Zeit kam später.« Mit diesen Worten leitet Helen Schüngel-Straumann zu ihrem nächsten Lebensabschnitt, der Promotionszeit, über. »Da habe ich plötzlich gemerkt, wie viele Schwierigkeiten man kriegt, wenn man über das hinauswollte, was vorgesehen war.« Erneut ergaben sich die Probleme aufgrund ihres Geschlechts, denn Helen Schüngel-Straumann, inzwischen drei Jahre verheiratet, wurde gegen Abschluß der Dissertation schwanger, was ihren Doktorvater zu folgendem Kommentar veranlaßte: »›Wenn eine Frau ein Kind kriegt, ist sie für die Wissenschaft verloren.‹ So hat er sich ausgedrückt. Wörtlich.« Nichtsdestotrotz setzte sie ihren Weg fort und wurde 1969 trotz der mangelnden Kooperation ihres Prüfers als erster Laie und als erste Frau an der Katholisch-theologischen Fakultät Bonn zum Dr. theol. promoviert.
Danach kämpfte Helen Schüngel-Straumann u.a. auch gerichtlich um eine Dozentinnenstelle an der PH Rheinland und bilanziert, für ihre Biographie mittlerweile typisch: »Alle Auseinandersetzungen diesbezüglich hatten damit zu tun, daß ich eine Frau bin.« 1975 aber hatte sie wiederum ihr Ziel erreicht, obwohl sie, zu diesem Zeitpunkt bereits Mutter zweier Kinder, einen harten Preis dafür zahlen mußte: »Zeitweise bin ich schier draufgegangen und ich war auch ein paarmal wirklich krank.« Der aus dieser Zeit vorhandene Schriftverkehr, die Aktenberge und die Urteilsbegründungen werden von ihr gehütet, denn, so sagt sie: »Ich habe mir überlegt, vielleicht noch einmal etwas daraus zu machen, um zu zeigen, wie man damals mit Frauen umgegangen ist.«

... die Einzelgängerin erhält Mitstreiterinnen ...

Auch in anderer Hinsicht wurde die Zeit um ihre Ernennung zur Akademischen Rätin für Helen Schüngel-Straumann zu einem wichtigen Datum, denn sie markiert »den Anfang der feministischen Theologie. In der Zeit zwischen 1975 und 1980 ging es allmählich los. Die feministischen Gedanken sind nicht vom Himmel gefallen, sie lagen irgendwie in der Luft. Es gab plötzlich immer ein paar Frauen mehr, die man auf Tagungen traf. Ich weiß noch genau, daß ich 1980 auf Burg Rothenfels meine erste Tagung direkt zum Thema ›Frau und Theologie‹ hatte, an der 20 Frauen teilnahmen. Jede erzählte zuerst ihren Lebenslauf und wie sie zur Theologie gekommen war, und da fiel es uns allen wie Schuppen von den Augen:

›Die anderen haben ja ganz ähnliche Probleme! Also bist du nicht die einzige.« In ihrer wissenschaftlichen Arbeit wurde Helen Schüngel-Straumann durch diese Erkenntnis beeinflußt: Sie stimmt meiner Einschätzung zu, daß sie zuvor »klassische alttestamentliche Exegese« betrieben habe, wobei es ihr schon wichtig gewesen sei, frauenspezifische Fragestellungen aufzugreifen, aber, so setzt sie hinzu: »Das war einfach solide Exegese, wie man sie damals gemacht hat.« Mit dem Aufkommen feministisch-theologischer Fragestellungen jedoch weitete sich ihr Blick, und Helen Schüngel-Straumann begann bewußt, diesen Diskussionszusammenhang wahrzunehmen. Für mich als Zuhörerin wird ganz deutlich, daß zu diesem Zeitpunkt unseres Gesprächs das Personalpronomen »ich« weitgehend durch das Personalpronomen »wir« abgelöst wird. »Wir«, das sind u.a. Elisabeth Moltmann-Wendel, Herlinde Pissarek-Hudelist, Elisabeth Gössmann, Maria Kassel, Edeltraud Staimer und Helen Schüngel-Straumann »haben damit begonnen, die vergessenen Frauen der Bibel wieder hervorzuholen. Bei mir waren es Miriam, Debora und Hulda. Später kamen noch Schifra und Pua dazu.« Ihre Monographien zu feministisch-theologischen Fragestellungen lassen sich denn auch als Reflex auf ihre biographische und theologische Entwicklung lesen. Zur Entstehung ihres Buches »Die Frau am Anfang. Eva und die Folgen«, das sie ihren beiden Großmüttern gewidmet hat, äußert Helen Schüngel-Straumann: »Das waren schon zwei tolle Frauen. Sie haben auf ihre weibliche Vitalität vertraut und waren sehr widerständig. Ich habe gedacht: ›Jetzt reden wir Theologinnen immer vom Erinnern und von den vergessenen Frauen im Alten Testament, und nun sollen meine Großmütter auch irgendwo ein Denkmal kriegen, denn schon in zehn Jahren weiß man nichts mehr von ihnen.‹« Inhaltlich ist die Publikation der Bloßlegung eines Mechanismus verpflichtet, der auch Helen Schüngel-Straumanns Leben insofern beeinflußt hat, als sie immer wieder gegen traditionelle christliche Weiblichkeitsmuster aufbegehren mußte: »Beim Schreiben über Gen 1-3 habe ich mit der Wirkungs- und Rezeptionsgeschichte begonnen, weil man nur schwer von dem abstrahieren kann, was einem einmal beigebracht worden ist. Man kriegt im christlichen Bereich keine gescheite Anthropologie hin, wenn man mit den Augen der Tradition auf die biblischen Texte schaut. Erst muß man den ganzen Müll, der sich angehäuft hat, wegräumen, dann kommen vielleicht die Texte und damit auch die biblische Eva unverstellt in den Blick.« Auch ihr Buch zur biblischen »rûah« ist letztlich der Revision eines u.a. auch biblisch begründeten Geschlechterverhältnisses gewidmet: »Ich habe mich gefragt, ob man aus dem weiblichen Geschlecht des Wortes etwas ableiten kann, denn es gibt ja auch männliche Ausnahmen, die immer auf etwas Zerstörerisches oder Gewalttätiges abzielen, was man mit dem weiblichen Begriff offensichtlich nicht vereinbaren konnte.« Helen Schüngel-Straumann plädiert dafür, »rûah« nicht mit »Geistin« zu übersetzen, »denn ›Geist‹ ist im Deutschen ein absolut männlicher Begriff und sehr belastet. Durch eine solche Übersetzung macht man das Weibliche zu einem Anhängsel des Männlichen. Man sollte sensibel für Sprache sein, um nicht etwas zu produzieren, was man im Grunde gar nicht will.« Diese und andere feministisch-theologische Veröffentlichungen stammen aus einer Zeit, die Helen Schüngel-Straumann mit folgenden Worten charakterisiert: »Das Wesentliche war gelaufen. Die feministische Bewegung hatte eine gewisse Größe, und die Vereinzelung war aufgehoben.«

Zuvor jedoch gab es in ihrem Leben noch einmal einen bedeutenden Schnitt: 1987 erhielt sie nach ca. 20 Bewerbungen einen Ruf an den Lehrstuhl für Biblische Theologie an der Universität Geamthochschule Kassel und summiert: »Das war noch einmal schwierig.« Zum einen habe sie sich als Laie nicht habilitieren können und sei gegenüber der Hochschule verpflichtet gewesen, ihre Habilitationsadäquanz nachzuweisen, was jedoch vergleichsweise unproblematisch gewesen sei. Zum anderen habe Erzbischof Dyba aus Fulda zunächst Probleme gesehen, das »nihil obstat« auszusprechen, weil Helen Schüngel-Straumann inzwischen geschieden war. Sie mußte zu einem persönlichen Gespräch.

Nach Luise Schottroff begann sie als zweite Frau, in Kassel Theologie zu lehren. Sie kommentiert: »Das war schon ein Triumph, aber auch eine große Erleichterung, denn nun konnte ich endlich so arbeiten, wie ich mir das vorgestellt hatte.«

Als einen der Höhepunkte ihres wissenschaftlichen Schaffens sieht Helen Schüngel-Straumann die Veröffentlichung des »Wörterbuchs der Feministischen Theologie«, dessen Mitherausgeberin sie ist. Allein das Projekt zeige an, daß Theologinnen mittlerweile ihre Geschichte und ihre Traditionen dokumentieren können. Über die Arbeit am Wörterbuch erzählt sie: »Wir waren ein richtiger Frauentrupp. Ich bin ja schon eine ziemliche Einzelgängerin gewesen, und es war eine ganz tolle Erfahrung, richtig mit anderen zusammenzuarbeiten. Wir haben sehr harmonisch und intensiv gearbeitet, ohne uns ständig, wie Männer das so oft müssen, selbst darzustellen.« Mit der Publikation des Wörterbuchs der Feministischen Theologie sind für sie so viele positive Erinnerungen verbunden, daß sie dem vorliegenden Artikel lieber ein Gruppenfoto aus dieser Zeit voranstellen möchte, als eine Aufnahme, die sie allein zeigt.

Doch genau an dieser Stelle unseres Gesprächs, die einem persönlichen und wissenschaftlichen Erfolgserlebnis gewidmet ist, wird Helen Schüngel-Straumann zugleich auch besonders nachdenklich, denn langsam denkt man an eine veränderte Neuauflage des Wörterbuchs der Feministischen Theologie, die ohne die inzwischen verstorbene Mitherausgeberin Herlinde Pissarek-Hudelist wird auf den Weg gebracht werden müssen. Unter dem Aspekt des Älterwerdens zentraler Frauengestalten in der feministischen Theologie macht sie sich Sorgen um die Sicherung des bisher Erreichten: »So vieles hat ja gerade erst angefangen. Die feministische Theologie darf jetzt nicht aufgeben und meinen, daß das Schlimmste überstanden sei. Es ist ja längst noch nicht alles aufgearbeitet. Die paar Professorinnen, die wir jetzt haben, sind schon einmal ein kleiner Lichtblick, ganz kann unser Gedankengut nicht mehr untergehen, aber wenn ich mir überlege, wie es mit den Universitäten und der Ausbildung von Frauen weitergeht ...« Hier stockt Helen Schüngel-Straumann, doch direkt im Anschluß an diese ernsteren Töne blickt sie wieder optimistisch in die Zukunft und erzählt voller Energie: »Es gibt etwas, das ich unbedingt in dieses Gespräch einbringen möchte, und das würde ich auch sehr gerne in dem Artikel über mich erscheinen sehen: Ich habe 1996 unter dem Gesichtspunkt ›Generationenunterschied‹ in der Schweiz eine Stiftung für feministische Theologie gegründet, weil ich merke, daß unsere Generation schließlich auch sterblich ist, und gerade wir waren ja so richtige Brückenköpfe. Wir haben wirklich alle noch auf die traditionelle Art und Weise Theologie studiert, was auch ein gewisser Vorteil ist, und unsere Generation, die die ›androzentrische‹ und die feministische Theologie kennt, wird es nicht mehr lange geben. Eine Elisabeth Gössmann oder eine Herlinde Pissarek-Hudelist mit ihren Lebensläufen und Werdegängen können Sie sich in zwanzig Jahren nicht mehr vorstellen.« Helen Schüngel-Straumann erzählt weiter, sie sei im Moment bemüht, diese Stiftung auf die Bundesrepublik auszuweiten. Ihr schwebe vor, im süddeutschen Raum ein Haus zu erwerben, das Schweizerinnen, Österreicherinnen und Deutschen zu einer Forschungsstätte werden könne. Tagungen und Seminare wolle sie vorerst nicht ins Auge fassen, dafür sei bei weitem noch nicht genug Geld vorhanden. Im Moment sei es wichtiger, einen Ort zu schaffen, der die Hinterlassenschaften theologisch arbeitender Frauen aufnehmen könne. »Es soll eben nicht jede Frau meinen, daß sie bei Adam und Eva anfangen muß, wenn sie feministisch-theologisch arbeiten will.« Dieser Satz Helen Schüngel-Straumanns fällt in einem inhaltlich verwandten Gesprächskomplex. Seit

1986, dem Gründungsjahr der ESWTR, eines Zusammenschlusses europäischer Theologinnen, arbeitet sie mit daran, die Ergebnisse feministischer Theologie zu sichern und einem breiten Publikum zugänglich zu machen. Von 1995-1997 war sie Präsidentin der ESWTR, und sie erzählt: »Mit den Mitgliederzahlen ist es schnell aufwärtsgegangen, wir haben jetzt ungefähr 500 in über 20 europäischen Ländern.« Damit gibt sich Helen Schüngel-Straumann jedoch nicht zufrieden: »Außerhalb der Frauen, die da mitmachen, sind wir immer noch zuwenig bekannt, dabei ist der Gedankenaustausch unter uns Frauen so wichtig.«
Ich als Zuhörerin fühle mich angesichts dieses engagierten Plädoyers an Helen Schüngel-Straumanns Empfehlungen in bezug auf die Zukunft der feministischen Theologie erinnert: »Wir können nur eines tun: weitermachen. Die die Frauen diskriminierenden Strukturen sind nämlich im Prinzip noch die gleichen.« Um dem Abhilfe zu schaffen, vertraut sie nach langen Jahren als Einzelkämpferin auf die Durchsetzungskraft von Gruppen.

Ilka Struck (Biographie siehe S. 74)

Auswahlbibliographie

1972: Gottesbild und Kultkritik vorexilischer Propheten, Stuttgart. – 1973: Der Dekalog – Gottes Gebote?, Stuttgart. – 1986: Gott als Mutter in Hosea 11, in: ThQ 166 (1986) 119-134. – 1989: Die Frau am Anfang. Eva und die Folgen, Freiburg (2. Aufl.: Münster 1997). – 1989: Mitherausgeberin, Wörterbuch der Feministischen Theologie, Gütersloh. – 1992: Rûah bewegt die Welt. Gottes schöpferische Lebenskraft in der Krisenzeit des Exils, Stuttgart. – 1993: Mitherausgeberin, Theologie zwischen Zeiten und Kontinenten. Für Elisabeth Gössmann, Freiburg. – 1996: Denn Gott bin ich, und kein Mann. Gottesbilder im Ersten Testament – feministisch betrachtet, Mainz.

»Die Macht des Wortes beanspruchen – sich als Subjekt von Theologie begreifen«

Elisabeth Schüssler Fiorenza

1938 in Tschanad, Rumänien geboren; Studium der Theologie in Würzburg und Münster; 1962 Theologicum; 1963 Lizentiat in Praktischer Theologie; 1970 Dr. theol. im Neuen Testament; seit 1970 Professuren an US-amerikanischen Universitäten und seit 1988 Inhaberin des *Krister Stendahl Lehrstuhls for Scripture and Interpretation* an der Harvard University Divinity School in Cambridge/USA.

Elisabeth Schüssler Fiorenza versah Gastprofessuren in den USA und Europa, veröffentlichte zahlreiche Bücher und Artikel zu feministischer Theologie und neutestamentlicher Exegese, die zum Teil in mehrere Sprachen übersetzt wurden. Ihr Buch »Zu Ihrem Gedächtnis«, das 1983 erschien, gilt als »Klassiker« feministischer Theologie. Sie ist Mitglied verschiedener wissenschaftlicher und anderer Gesellschaften, z.B. der »Society of Biblical Literature«, deren erste weibliche Präsidentin sie war. Sie arbeitet aktiv in der kirchlichen Frauenbewegung mit, z. B. bei WOC (The Women's Ordination Conference) und bei WATER (Women's Alliance for Theology, Ethics and Ritual). Sie ist Mitgründerin und Mitherausgeberin der Zeitschrift »Feminist Studies in Religion«. Für ihre Arbeit wurden ihr vier Ehrendoktorate in den USA und in Schweden verliehen.

Im August 1997 hatten wir am Rande der 10. Konferenz der »Europäischen Gesellschaft für Theologische Forschung von Frauen« (ESWTR) auf Kreta Gelegenheit, mit Elisabeth Schüssler Fiorenza zu sprechen. Die überarbeitete Fassung unseres Interviews stellt wichtige Stationen und Inhalte des Schaffens dieser deutsch-amerikanischen Grenzgängerin vor.

Sie gehören zur ersten Generation feministischer Theologinnen. Wie kamen Sie zur feministischen Theologie? Schon das Studium der katholischen Theologie ist ja in Ihrer Generation etwas besonderes.

Als ich studiert habe, gab es feministische Theologie noch nicht; deshalb mußten wir sie erst erfinden! Ich habe Theologie als sehr positiv erfahren. Das liegt an meinem katholischen Kontext. Ich komme aus der Jugendarbeit und von der biblischen und liturgischen Bewegung her. Besonderes Glück hatte ich, einen Pfarrer zu haben, der ganz offen und kritisch über das

Verhalten der Kirchen und des höheren und niederen Klerus während der Nazizeit gesprochen hat. Ich erinnere mich, daß ich, als ich ganz klein war, Päpstin werden wollte. Doch als ich 14 oder 15 Jahre alt war, wollte ich nur noch Seelsorgehelferin oder Pastoralassistentin werden. Dies zeigt, wie die Ambitionen von Mädchen »kleingeschraubt« werden.
Ich war die erste Frau, die in Würzburg Volltheologie studiert hat. Begonnen habe ich mit Geschichte, Theologie und Deutsch, zugleich habe ich in der Diözesan-Jugendseelsorge gearbeitet. Zu Beginn meines Studiums, 1958/59, hieß es, daß Karl Rahner mundtot gemacht werden sollte. Ich nahm mir vor: Wenn das geschieht, werde ich das Theologiestudium aufgeben, da es keine intellektuelle Freiheit gibt. Karl Rahner wurde nicht mundtot gemacht. Das Konzil öffnete Türen und Fenster, und ich wechselte begeistert zur Volltheologie über. Das Theologiestudium ermöglichte mir, Fragen zu stellen und Zweifel zu haben, die der Katechismus nicht erlaubte. Deshalb habe ich es als sehr befreiend erfahren. Nach dem Theologicum und dem Lizentiat in Praktischer Theologie habe ich mit einer Dissertation im Neuen Testament angefangen.

Ein gerader Weg zur Universitätsprofessorin?

Ich bin in Rumänien als sogenannte Volksdeutsche geboren und in einem nicht-akademischen Elternhaus groß geworden. Wir sind während des Krieges 1944/45 nach Deutschland geflüchtet, und ich bin in einem unterfränkischen Dorf aufgewachsen. Als ich begonnen habe, Theologie zu studieren, konnte ich mir nicht vorstellen, Theologieprofessorin zu werden, da dies nicht in meinem Erfahrungsbereich lag. Da ich als erste Frau das Theologicum machte, mußte ich die Erlaubnis vom Bischof einholen. Das Examen wurde im Priesterseminar geschrieben, und ich bin jeden Tag im Eiltempo nach Hause gelaufen, weil es dort keine Damentoilette gab. Dieser Kampf, als Frau zugelassen zu werden, hat mir die Augen für Diskriminierung geöffnet. Als ich kein Geld mehr hatte, um das Doktorat fertigzumachen, habe ich meinen »Doktorvater« gebeten, mich für ein Stipendium zu empfehlen. Er antwortete, er würde das wohl gerne tun, aber er hätte nur drei Stipendien und die müsse er an Leute vergeben, die eine Zukunft in der Theologie hätten. Oder: Der Bischof sagte mir: »Sie können Volltheologie machen, aber sie müssen damit rechnen, nach dem Studium Geschirr zu spülen, da es keine Stelle für Sie geben wird.«

Ihr erstes Buch »Der vergessene Partner« erschien 1964 zur Mitarbeit der Frau in der Kirche.

Ich habe es als Lizentiatsarbeit geschrieben, weil damals die liberale katholische Theologie, die das zweite Vatikanum bestimmt hat, vertrat, daß die

Laien für die Welt zuständig seien und die Priester und Ordensleute für die Kirche. Es war klar, daß ich nach dieser theologischen Position als Volltheologin meine Berufung verfehlte, da ich weder ordiniert noch Nonne werden wollte. Daher habe ich meine erste Arbeit geschrieben, um die herrschende Theologie zu korrigieren. Ich wollte aufzeigen, daß sie nicht ernst nahm, daß alle Getauften Kirche sind. Da Frauen seit den frühen zwanziger Jahren hauptamtlich in der Kirche arbeiteten, habe ich »die Frau« als Paradebeispiel für die sogenannten Laien genommen. So bin ich auf das »Frauenthema« gestoßen, da ich herausfinden wollte, was Schrift, Tradition und Theologie *über* »die Frau« gelehrt haben.

1970 sind Sie in die USA gegangen. Warum?

Ich bin in die USA gegangen, weil es dort die Möglichkeit gab, Theologie zu lehren. Weder mein Mann Francis – als Laie und Ausländer – noch ich – als Frau – hatten damals in Deutschland die Möglichkeit, Professuren zu erhalten. Es war jedoch mein Glück, in die USA zu kommen, als die Frauenbewegung in den Kirchen und an den Fakultäten in ihren ersten Anfängen war. Nach meiner Sicht liegen die Anfänge feministischer Theologie in den USA, weil es im Gegensatz zu Deutschland in den frühen 70er Jahren dort eine Frauenbewegung innerhalb der Kirchen und an der Universität gab. Die Frauenbewegung und die »Women's Studies«-Bewegung, die Frauenforschungs-Bewegung, waren ganz entscheidend für die Artikulation feministischer Theologie im allgemeinen und meiner eigenen Perspektive im besonderen. Meiner Ansicht nach besteht eine gewisse Ungleichzeitigkeit zwischen nordamerikanischer und deutscher feministischer Theologie, weil Frauen, die hauptamtlich in der Kirche arbeiten oder Theologie studieren, in Deutschland viel stärker in die kirchlich-konfessionellen Strukturen eingebunden waren und immer noch sind.

Verstanden Sie sich damals schon als Befreiungstheologin?

1975 habe ich einen Artikel mit dem Thema »Feminist Theology as a Critical Theology of Liberation« veröffentlicht, der bezeichnenderweise nicht ins Deutsche übersetzt worden ist. Darin habe ich den Versuch gemacht, meinen eigenen feministisch-theologischen Ansatz als eine kritische Theologie der Befreiung zu artikulieren und ihn gegenüber einem essentialistischen, am Wesen der Frau orientierten, Ansatz abzugrenzen. Mein Ansatz steht im Gespräch mit den Befreiungstheologien, aber unterscheidet sich auch kritisch von diesen, da sie nicht explizit die Unterdrückung von Frauen thematisieren. Weder die politische Theologie noch die Befreiungstheologie der 70er Jahre haben die Suche nach einer Theologie, die »auf der Erfahrung von Frauen« basiert, ernstgenommen.

Die »Hermeneutik des Verdachts«, wie Sie sie in Ihrem Buch »Zu Ihrem Gedächtnis« entwickelt haben, ist aus der feministisch-theologischen Diskussion nicht mehr wegzudenken. Wie ist das Buch entstanden und wie würden Sie Ihren Ansatz kurz zusammenfassen?

Ich kann mich noch erinnern, daß ich um 1971 herum gefragt wurde, ob ich ein Buch über »die Frau im Neuen Testament« schreiben wollte. Ich antwortete lakonisch: Ich habe alles, was darüber zu sagen ist, in meinem ersten Buch gesagt. Mir fehlte damals der theoretische Rahmen, urchristliche Geschichte anders zu schreiben. Erst die Bücher über feministische Geschichte und feministische Geschichtsschreibung machten eine andere Sichtweise möglich.

Die ›Hermeneutik des Verdachts‹, wie ich sie in *Zu ihrem Gedächtnis* entwickelt habe, kommt von einer feministischen Fragestellung her, nicht von einem psychologischen oder einem marxistischen Denkrahmen. Von Anfang an forcierte die feministische Diskussion, auch die, die sich auf die Bibel bezog, eine dualistische Engführung: Entweder ist die Bibel befreiend oder sie ist unterdrückend, entweder Exodus aus der Kirche in eine befreite Schwesternschaft oder totale Identifikation mit der Kirche als Heimat. Die sogenannten radikalen Feministinnen argumentierten, daß die Bibel und das Christentum total patriarchal seien. Deshalb sollten alle wirklichen Feministinnen damit nichts mehr zu tun haben. Umgekehrt betonten kirchliche Frauen, daß die Bibel, richtig gelesen, befreiendes Wort Gottes sei. Ich habe versucht, diese Entweder-Oder-Fragestellung durch meinen Ansatz theoretisch aufzubrechen:

Die Hermeneutik des Verdachts ist nur dann möglich, wenn wir nicht auf der Ebene des Textes verbleiben, sondern die Wirklichkeit von Frauen anerkennen und kritisch analysieren. Zugleich macht eine feministische Befreiungstheologie klar, daß die Wirklichkeitserfahrung von Frauen keine »reine« Erfahrung sein kann, sondern daß sie immer schon gesellschaftlich bestimmt ist. Wenn ich dies ernst nehme, dann kann ich einem Text kein Vertrauen mehr entgegenbringen oder ihm unbefragte Autorität zuschreiben. Vielmehr muß eine Hermeneutik des Verdachts so formuliert werden, daß sie die androzentrische Sprache hinterfragen kann: Inwieweit verschleiern Texte die Anwesenheit und das Wirken von Frauen und inwieweit radieren sie sie wirklich aus? Ist es möglich, Quellentexte so zu lesen, daß sie etwas über Frauen aussagen, auch wenn sie nicht direkt von Frauen sprechen oder Frauen nur am Rande erwähnen? Mir geht es immer um beides: 1. Das Schweigen zu durchbrechen durch die Dekonstruktion von Texten und Ideologien, und 2. um die historische Wiedergewinnung von Frauen-Wirklichkeit, um die Korrektur historischer Imagination und um das Frauenerbe, also ein Interesse, das nicht von der Universität her kommt, sondern von der Frauenbewegung in Kirche und Gesellschaft inspiriert ist.

Über die Hermeneutik des Verdachts hinaus: Welche Entwicklungen waren in den letzten Jahren für Sie bedeutsam?

Ein weiterer Bereich meiner Arbeit ist immer schon die Ekklesiologie gewesen, angefangen von meiner Lizentiatsarbeit zur Mitarbeit der Frau in der Kirche bis hin zu meinem Engagement in der amerikanischen Frauenordinationsbewegung (WOC), die ich theologisch mitgeprägt habe. WOC hat immer betont, daß das Verbot der Frauenordination ein Zeichen von Sexismus, d.h. von struktureller Sünde ist. Solange Frauen nicht ordiniert werden, muß dagegen protestiert werden. Zugleich hat WOC nicht die Ordination in die alten hierarchischen Strukturen und ihr Gehorsamsverhältnis angestrebt, sondern ein neues Priestertum in einer erneuerten Kirche gefordert.

Gegen welche feministisch-theologische Position würden Sie am meisten streiten?

Ich habe kritische Fragen an verschiedene feministisch-theologische Positionen wie die von Rosemary Radford Ruether, Dorothee Sölle, Phyllis Trible, Letty Russel oder Luise Schottroff und viele andere gestellt. Doch habe ich dies nicht getan, um diese Theologinnen zu kritisieren, sondern um wichtige theoretische Fragen zu klären. Meiner Ansicht nach ist theoretisches Streiten gesund für jegliche intellektuelle Arbeit. Und ich finde, wenn wir uns feministisch nicht streiten, das heißt anerkennen können, daß wir verschiedene theologische Ansätze vertreten, wenn wir unsere theoretisch-theologischen Unterschiede nicht diskutieren können, ohne in persönlichen Streit zu verfallen, dann steht es um die feministische Theologie als intellektuelle Disziplin schlecht. Doch fehlen uns in den USA die Freiräume zu einem solchen fruchtbaren Streiten. In den herrschenden Männerkontexten von feministischer Theologie kann ein solcher Streit immer mißbraucht werden.

Wie verorten Sie sich in der gegenwärtigen feministischen und theologischen Debatte, etwa um den Differenzbegriff oder um das Verständnis von »sex« und »gender«? Wo sehen Sie die Zukunftschancen oder die Aufgaben feministischer Theologie?

Mich beunruhigt, jedenfalls in den USA, daß unter postmodernen Vorzeichen eine ganz moderne Geschichte feministischer Theologie und feministischer Theorie geschrieben wird. Die geht dann so: Die 70er Jahre waren die enthusiastische Anfangszeit der Frauenbefreiungsbewegung. In den 80er

Jahren gab es dann eine Aufteilung feministischer Forschung in verschiedene Richtungen. Die Einführung von »gender« als einer analytischen Theorie sei ein theoretischer Fortschritt, doch in den USA – im Gegensatz zu Frankreich – noch zu sehr einer sozialen Bewegung verhaftet. In den 90er Jahren schließlich hätten wir den intellektuellen Gipfel erreicht mit einer Theologie, die intellektuell »up to date« sei. Eine solche Sichtweise führt einen feministischen Diskurs ein, der sich nicht mehr – wie vorher – gegen die herrschende Theorie oder Theologie zu artikulieren versucht, sondern sich an der Kritik feministischer Theorie oder Theologie aus der Perspektive der herrschenden Theorie her abarbeitet. Das bedeutet, daß die Universität, die immer noch weithin von Männern kontrolliert wird, es fertigbringen könnte, intellektuelle feministische Arbeit wieder zu diskreditieren und auszuwischen. Ich habe viele brillante junge Frauen getroffen, denen gesagt wird, daß sie eine feministische Arbeit unter der Bedingung schreiben könnten, daß sie zuerst einmal alle feministischen Ansätze kritisieren. Mithilfe eines akzeptablen Theoretikers sollten sie ihre Kritik und ihre eigene »neue« Konzeption entwickeln.

Ich bestreite nicht, daß die von der Postmoderne begeisterten Feministinnen etwas Wichtiges sehen. Doch besteht für mich die Schwierigkeit darin, daß der gesamte Diskurs so konstruiert wird, daß die befreiungstheologischen Fragen überhaupt nicht mehr gestellt werden können. Es wird nicht genügend bedacht, daß Differenzen immer auch durch Machtstrukturen bestimmt sind. Womanistische Theologinnen, wie Joan Martin, betonen mit Recht, daß »gender« immer mit »Rasse«, »Klasse«, »Alter« oder »Ethnizität« dekliniert und multipliziert wird und umgekehrt. Daher müssen wir immer wieder fragen, inwieweit Theologie dazu dient, Menschen in einer unterdrückenden Situation zu halten oder sie ermächtigt, diese zu verändern.

Sie sind eine Grenzgängerin zwischen den USA und Deutschland. Was bedeutet das für Sie? Welche Chancen sehen Sie dadurch in Ihrer Theologie?

Für mich war der Anfang in den USA sehr schwierig. Es gibt ja auch immer noch – und mehr – Ressentiments gegen Fremde in den USA. Andererseits war der Wechsel, gerade wegen der Frauenbewegung, für mich eine große Chance. Aus internationaler Sicht finde ich es ganz wichtig, daß feministische Theologie sich ihres globalen Kontextes theoretisch bewußt wird. Meiner Ansicht nach werden für die feministische Theologie in Deutschland die Impulse aus Asien und Afrika in der Zukunft genauso wichtig werden wie das, was aus den USA kommt. Bezüglich des Beitrags aus Deutschland bin ich eher unsicher, da es scheint, daß auch hier die alten Strukturen und

Denkmuster der herrschenden Universität in feministischer Theologie und Frauenforschung weitergeschrieben werden: Ausgrenzungspolitik, das Betonen von nationaler Identität und der Konkurrenzneid.
In »But she said« habe ich daher gefordert, daß feministische Theologinnen sich als »resident aliens«, als zugezogene Fremde oder als fremde Ansässige, die von einer Sprache in die andere übersetzen können, verstehen lernen müssen. Die Erfahrung, fremd- und zweisprachig zu sein, ist ganz wichtig für das Selbstverständnis feministischer Theologie. Grenzgängerin zu sein ist sehr bereichernd, aber es ist oft auch ziemlich schwierig, weil du nirgends ganz dazugehörst.
Was würden Sie jungen Frauen, jungen Theologinnen empfehlen? Womit sollten sie sich beschäftigen oder was sollten sie nicht aufgeben?
Einerseits haben junge Frauen mehr Ressourcen. Sie müssen nicht wieder von vorne anfangen, wie wir das mußten, weil wir in der Schule oder an der Universität nichts von dem, was vor uns Frauen gedacht haben, gelernt haben. Andererseits ist eine meiner größten Sorgen, daß junge Frauen nicht die Gefahr sehen, daß die »Errungenschaften« feministischer Theologie wieder verloren gehen könnten. Es gibt nicht nur wieder eine starke Tendenz zu Weiblichkeitstheorien. Es gibt auch immer noch die alten Strukturen, die die Intelligenz, Vorstellungskraft und das Wissen von jungen Frauen kooptieren und in die herrschende Wissenschaft und Theologie einbinden wollen. Von daher finde ich es so wichtig, daß junge Frauen nicht denken, daß der Kampf (struggle) gewonnen ist. Von der herrschenden Theologie und akademischen Forschung her gesehen ist Frauenforschung und Feministische Theologie »aller Farben« immer noch marginal oder nicht existent. Es geht darum, eine feministische Forschungstradition aufzubauen, die nicht in patriarchale Methoden zurückfällt und die Arbeit der Vorgängerinnen würdigt.
Woher kommt die Kraft, immer noch weiterzumachen? Warum sollen Frauen sich nicht doch einfach anpassen? An welche Ressourcen können sie sich anschließen?
Auf die Frage, warum ich noch katholische Christin bin, antworte ich gewöhnlich, daß ich Katholizismus nicht nur als unterdrückend, sondern auch als befreiend, als widerständig gegen das kulturelle Weiblichkeitsbild erfahren habe. Wozu ist Religion gut, wenn sie uns nicht dazu stärkt, uns für unsere eigene Integrität und eine gerechtere Welt einzusetzen?! Eine andere Quelle der Ermutigung zum Weiterkämpfen sind für mich die vielen Frauen, die von feministischen Ideen begeistert sind und sich dafür einsetzen, ob sie nun Theologie studieren oder woanders arbeiten. Ich bin sehr

privilegiert, weil ich auf meinen Reisen viele dieser Frauen und Gruppen in verschiedenen Teilen der Welt persönlich kennenlernen kann. Mary Hunt und ich versuchen deshalb, ein internationales feministisches Netzwerk zu organisieren, damit die vielen Frauen, die sich in ihrem Kampf allein fühlen, dieselbe Möglichkeit haben.

Annebelle Pithan/Ilona Nord

(Annebelle Pithan, geb. 1958. Studium der evangelischen Theologie, Spanisch und Erziehungswissenschaft in Hamburg, Mexiko und Costa Rica. Referendariat. Wissenschaftliche Mitarbeiterin am Comenius-Institut in Münster.)
(Ilona Nord, geb. 1966. Verheiratet, ein Kind. Studium der evangelischen Theologie für das Pfarramt in Frankfurt am Main, Heidelberg und Mainz. Arbeit an einer Dissertation zum Thema »Geschlechterverhältnisse und Liebe in den Entwürfen von Georg Simmel und Paul Tillich«. Seit 1996 Kommunikationswirtin, GEP.)

Auswahlbibliographie

1964: Der vergessene Partner: Grundlagen, Tatsachen und Möglichkeiten der beruflichen Mitarbeit der Frau in der Heilssorge der Kirche, Düsseldorf. – 1975: Feminist Theology as a Critical Theology of Liberation, in: Theological Studies 36, S. 606-626. – 1988: Zu ihrem Gedächtnis... Eine feministisch-theologische Rekonstruktion der christlichen Ursprünge, München. (Orig. 1983). – 1988: Brot statt Steine. Die Herausforderung einer feministischen Interpretation der Bibel, Freiburg/CH. (2. Aufl. 1991) (Orig. 1985). – 1994: Das Buch der Offenbarung. Vision einer gerechten Welt, Stuttgart. (Orig. 1991). – 1992: But She Said: Feminist Practices of Biblical Interpretation, Boston: Beacon Press. – 1993/94: (Hg) Searching the Scriptures. A Feminist Introduction and Commentary, 2 Volumes, New York: Crossroad. – 1998: Jesus – Miriams Kind, Sophias Prophet. Eine feministische Christologie, Gütersloh (Orig. 1994). – 1998: Sharing Her Word, Boston: Beacon Press.

»Wir hatten das Empfinden, am Beginn einer Tradition zu stehen«

Leonore Siegele-Wenschkewitz

Jg. 1944; 1963-1972 Studium von Musikwissenschaft, Latein und evangelischer Theologie in Göttingen und Tübingen; 1972 Promotion zur Dr. theol.; 1972-1979 Assistentin am Evangelisch-theologischen-Seminar in Tübingen; 1979-1981 Repetentin am Evangelischen Stift in Tübingen; seit 1983 Studienleiterin an der Evangelischen Akademie Arnoldshain, Pfarrerin der Ev. Kirche in Hessen und Nassau; 1990 Habilitation; seit 1996 Akademiedirektorin; seit 1997 apl. Professorin für Historische Theologie an der Johann Wolfgang Goethe-Universität in Frankfurt/M.

Leonore, im Jahr 1963 hast Du Dein Studium in Göttingen begonnen. Was hat Dich in diesen Jahren dazu bewegt, Theologie zu studieren und dann auch bei der theologischen Wissenschaft zu bleiben?
Zuerst habe ich mich nicht für die Theologie entscheiden können, weil ich keine ordinierte Pfarrerin werde wollte (was ich zwanzig Jahre später doch geworden bin). Ich hatte Spaß an einem enzyklopädisch ausgerichteten wissenschaftlichen Studium. Also habe ich zunächst mit Musikwissenschaft und Latein begonnen und auch Pädagogik und Philosophie studiert. Die Theologie kam dann dazu, weil ich zu Hause erlebt hatte, daß Theologie ein wichtiges Gesprächsthema war. Mein Vater ist protestantischer Pfarrer gewesen und hatte eine Honorarprofessur in Münster. Ich wuchs in Loccum in der Umgebung von Kloster und Akademie auf, und durch die Leute, die ins Haus kamen, sowie durch die Tischgespräche war es für mich normal, an den theologischen Fragen dieser Zeit teilzunehmen. Das war Ende der 50er, Anfang der 60er Jahre. Damals war Hans Lilje Bischof von Hannover. Er repräsentierte ein weltoffenes, ökumenisches Christentum; das hat mich sehr angezogen.
1972 hast Du dann Deine Dissertation über die Rolle der Kirche im Nationalsozialismus abgeschlossen. Uns interessieren Deine Beweggründe dafür, dieses Projekt in die Wege zu leiten und auch der politische – und universitätspolitische – Kontext, in dem die Arbeit entstand. Gab es benennbare Auslöser dafür, sich mit der Rolle der Kirche und der theologischen Fakultäten in der Zeit des Nationalsozialismus zu beschäftigen?

Die Zeit des Dritten Reichs besitzt in meiner Familiengeschichte eine große Bedeutung. Meine Familie kommt aus dem Baltikum; meine Vorfahren lebten über Jahrhunderte in Riga. 1939 haben Hitler und Stalin einen Nicht-Angriffs-Pakt geschlossen, der Voraussetzung dafür war, daß Hitler den Überfall auf Polen machen konnte. Für die im Baltikum lebenden Deutschen war damit verbunden, daß sie »heim ins Reich« mußten. Mein Vater, der bis dahin Pfarrer in Riga war und am Herder-Institut, der theologischen Hochschule, Neues Testament lehrte, wurde Pfarrer in Pommern. Wir verloren den gewohnten Lebenszusammenhang und mußten uns völlig neu etablieren. Insofern war der Ausbruch des Zweiten Weltkriegs ein großer Einschnitt in die Kultur und den Lebensraum meiner Familie, da das Baltikum kulturell völlig anders war als ich es je wieder gefunden habe. Obwohl ich erst in Pommern geboren bin, fühle ich mich als Migrantin, wie meine älteren Geschwister.

In meiner Familie war es kein Tabu, über den Nationalsozialismus zu sprechen. Meine leibliche Mutter starb, als ich sieben Jahre alt war, und mein Vater heiratete dann eine Frau, die sich in ihrer Jugend im BDM engagiert hatte. Ich habe sehr viel von ihr darüber gehört, wie Frauen für den Nationalsozialismus gewonnen wurden; und ich bin damit aufgewachsen, danach zu fragen.

Auch hatte ich als Schülerin einen guten Geschichtsunterricht bei einem Lehrer, der in der DFU war. Er war geprägt durch Albert Schweitzer und Renate Riemeck. Wir haben uns schon in den 50er und Anfang der 60er Jahre – ich habe 1963 Abitur gemacht – intensiv mit dem Nationalsozialismus beschäftigt.

1965 ging ich dann als Studentin nach Tübingen. Nach dem gewaltsamen Tod von Benno Ohnesorg am 1. Juni 1966 schloß ich mich dem Arbeitskreis »Braune Universität« an. Wir begannen danach zu fragen, wer denn die Professoren waren, die den Nationalsozialismus unterstützt hatten: Warum hatten sie sich ihm angeschlossen, und was war nach 1945 aus ihnen geworden? Es war dann Klaus Scholder, der das Thema beherzt und vorwärtsweisend aufgegriffen hat. Er war damals noch Privatdozent und hatte sehr schnell einen Kreis von Schülerinnen und Schülern um sich versammelt. Wir haben angefangen, zusammen NS-Forschung zu treiben. Ich wurde bei ihm Tutorin, dann wissenschaftliche Hilfskraft, und – nachdem er zum Professor ernannt worden war – Assistentin.

Wann gab es Widerstand? Das Thema ist ja sicherlich nicht überall mit Begeisterung aufgenommen worden.

Widerstand gab es in dem Moment, als die nationalsozialistische Vergangen-

heit der Universität thematisiert wurde. Solange es um die Kirche ging, gab es keinen Widerstand. 1977 feierte die Tübinger Universität ihr 500jähriges Jubiläum. Ich wurde beauftragt, einen Beitrag zur Geschichte der ev.-theol. Fakultät im Dritten Reich zu erarbeiten. Niemand von den Professoren war bereit, sich mit diesem Thema zu beschäftigen. Im Laufe des Jahres habe ich dann zwei öffentliche Vorträge in Tübingen im Rahmen des Universitätsjubiläums gehalten: einen im Stift über den früheren Stiftsephorus Karl Fezer – der auch der erste unter dem Nationalsozialismus gewählte Rektor gewesen ist –, und den zweiten über Gerhard Kittel und die Judenfrage. Meine Untersuchungen zeigten, daß führende Theologen der Fakultät in die Partei eingetreten sind und sich dem Nationalsozialismus geöffnet haben. Da kamen Widerstände auf, die so groß waren, daß ich mich nicht habilitieren konnte. Es wurde deutlich, daß es nicht willkommen war, in dieser Weise eine Vergangenheit des Nationalsozialismus aufzuarbeiten. Dann faßte die Ev.-theol. Fakultät einen Beschluß – der lange Zeit »Lex Siegele-Wenschkewitz« genannt wurde –, daß nicht über das Jahrhundert, mit dem sich die Doktorarbeit beschäftigt, die Habilitationsschrift verfaßt werden darf. Dagegen war bis dahin nichts eingewandt worden. Von da an war klar, daß ich an dieser Fakultät nichts mehr werden konnte.
Ich wurde dann Repetentin im Stift; das war eine kirchliche Stelle. In der Landeskirche habe ich Leute gefunden, die mir die Möglichkeit gaben, weiterzuarbeiten. Nach 1 1/2 Jahren erhielt ich ein Forschungsstipendium der DFG.
In die Zeit der achtziger Jahre fallen, wenn wir recht sehen, Deine ersten Veröffentlichungen im Bereich der feministischen Theologie. Wann und wodurch kam das Interesse, sich der feministischen Theologie zuzuwenden?
Der erste Anstoß waren natürlich die Erfahrungen mit dieser patriarchal strukturierten Universität. Ich bin eine der ersten Assistentinnen an der Fakultät gewesen. Als ich 1972 nach meiner Promotion das erste Seminar über das Reichskonkordat angekündigt habe, sind die Studierenden angeströmt, weil sie es nicht kannten, daß Frauen unterrichten. Wir waren zu dritt: Christine Janowski, Erika Reichle und ich. Wir hatten das Empfinden, am Beginn einer Tradition zu stehen. Als ich dann Repetentin wurde, war ich wieder die zweite oder dritte in dieser 450jährigen Geschichte des Stifts. Das feministische Engagement wuchs dadurch, daß wir uns als Frauen in der Rolle von Pionierinnen sahen. Zudem hatten wir massive Patriarchatserfahrungen. Wir mußten uns stets viel mehr legitimieren als unsere männlichen Kollegen.
Aus der Zeit der Studentenbewegung kann ich mich sehr genau an die Kampagne »Mein Bauch gehört mir!« und die Selbstanzeigen zum Paragraphen 218

erinnern. In dieser Zeit habe ich Alice Schwarzer gelesen und Kate Millet »Herrschaft und Sexus«. Das war die Basis, die vorhanden war, als dann Elisabeth Moltmann-Wendels Buch erschien und ich mich fragte: Feministische Theologie – was ist das eigentlich? Aber dann kam Elisabeth Moltmann-Wendel auch selbst auf mich zu, und daraus entwickelte sich ein gemeinsamer Gesprächs- und Arbeitszusammenhang.

Im Jahr 1983 wurdest Du Studienleiterin an der Evangelischen Akademie Arnoldshain, nachdem sich Frauen aus der Landeskirche dafür eingesetzt hatten, daß nach 40 Jahren eine Frau als Studienleiterin berufen wird. Welche feministischen Themen wurden in den 80er Jahren an der Akademie wichtig, und welche Frauen und Frauengruppen arbeiteten mir Dir auf den Tagungen zusammen?

Als regelmäßiger Arbeitszusammenhang stand mir die Frauenarbeit der Evangelischen Kirche von Hessen und Nassau zur Verfügung. Die haben schon in den 50er Jahren mit Frauentagungen unter dem Thema »staatsbürgerliche Aufbauarbeit« begonnen. Es waren Frauen aus ganz unterschiedlichen Arbeitszweigen, beispielsweise so profilierte Frauen wie Elisabeth Beyersdörfer, die mich unter ihre Fittiche nahmen und mich auf den partizipatorischen, zusammenarbeitenden und kommunikativen Stil verpflichteten. Die Themen, die wir gemeinsam erarbeiteten, betrafen alle Bereiche der feministischen Theologie: Exegese, Ethik, Frauengeschichte, Geschlechterbeziehungen in Theologie und Kirche, Institutionalisierung feministischer Theologie.

Dein besonderes Engagement gilt seit vielen Jahren dem Unternehmen, antijüdische Stereotype in der Theologie – gerade auch in der feministischen Theologie – herauszuarbeiten und aufzuzeigen. An welchen Punkten, denkst Du, wurden Fehler gemacht, und welche anderen Wege gilt es einzuschlagen?

Seit Ende der 60er Jahre hatte ich mich bereits mit dem theologischen Antijudaismus auseinandergesetzt. Früher hatte ich gedacht, daß die Deutschen Christen antijüdisch waren und die Bekennende Kirche projüdisch. Unter dem Gesichtspunkt, wie sich die Haltung der Bekennenden Kirche gegenüber den Juden artikulierte, hatte ich viele Texte gelesen und war entsetzt, wie durch und durch antijüdisch alle Bereiche der Kirche waren. Als ich dann anfing, die feministisch-theologische Literatur zu lesen – ich tat das im Austausch mit Bernadette Brooten –, wurde mir deutlich, daß man Jesus nicht so interpretieren darf, indem man ihn von seiner jüdischen Umwelt absetzt und zugleich das Christentum als rein und strahlend idealisiert und gegen das Judentum abgrenzt. Dieses Problem hatten wir seit Ende der 70er Jahre schon in der feministischen Theologie erkannt. Wir wußten aber nicht, wie es gelöst werden könnte.

Auch als es dann knallte – ich erinnere mich noch an die erste Tagung 1984 in der Akademie Arnoldshain mit dem Thema »Frauen in der Bibel« mit Pnina Navè Levinson und Christa Mulack als Referentinnen: Die Tagung war geprägt von einer Frische und zugleich von einem großen Konfliktpotential. Christa Mulack hatte gerade ihr Buch über die »Weiblichkeit Gottes« geschrieben und dachte, daß sie unmittelbar an jüdische Tradition anknüpfe und damit einen Entwurf im jüdischen-christlichen Gespräch erarbeitet habe. Pnina Navè Levinson dagegen stritt dies völlig ab und sagte, daß diese Sicht des Judentums ihr absolut feindselig vorkomme. Es kam zu einem tiefen tränenreichen Dissens; wir anderen waren ganz ratlos.
Das war eine unglaubliche Tagung mit einem großen Lernerfolg. Aber zunächst waren es nur Dilemmata, und es hat Jahre gebraucht, bis sie bearbeitet werden konnten. Erst 1988 erschien das Buch »Verdrängte Vergangenheit, die uns bedrängt«. Mein Aufsatz in diesem Sammelband war hermeneutischer Art, er gab eine Zielrichtung an. Ich habe dort gesagt, daß wir feministische Theologie und jüdisch-christliches Gespräch zusammenbringen müssen. Denn zunächst dachten viele, es seien Bereiche, die sich gegenseitig ausschlössen; wer das eine macht, kann das andere nicht auch noch berücksichtigen. Darum war mir es so wichtig, mit jüdischen Frauen ins Gespräch zu kommen, die selbst den Eindruck hatten: wir können Feministinnen sein. Die jüdischen Frauen in unserer Arbeitsgemeinschaft Juden und Christen, Edna Brocke und Pnina Navè Levinson, standen dem Feminismus zunächst reserviert gegenüber, weil sie den Eindruck hatten, der schlüge alles kurz und klein, was deutsches Judentum ausmacht. Als dann Susannah Heschel kam, wurden wir aufmerksam auf die feministische Bewegung in den USA, die sich aufgrund einer ganz anderen Erfahrung der Stellung des Judentums in Amerika traute, diese grundsätzlichen Fragen zu stellen.
Das Feld feministischer Theologie hat sich seit den siebziger Jahren vielfältig ausdifferenziert und wird selbst für Insiderinnen immer unübersichtlicher. Wie würdest Du vor einer Frauenhilfe aus Nordnassau knapp das Hauptanliegen beschreiben, das allen feministischen Theologinnen gemeinsam ist?
Ich denke, der Grundimpuls ist zu sagen: weg von unterdrückerischen Verhältnissen in Theologie und Kirche, hin zu einer emanzipatorischen und frauenbefreienden Theologie, die Frauen als gleichberechtigte menschliche Wesen respektiert und ihnen Entfaltungsmöglichkeiten gewährt. Das war auch der entscheidende Funke, der immer wieder übergesprungen ist.

Ich denke, daß Frauen gemerkt haben, daß sie in Theologie und Kirche abgewertet und niedergehalten werden, und in nichtkirchlichen und nichttheologischen Bereichen eine Freudenbotschaft gehört haben, von der sie den Eindruck hatten, die würde ihnen in Theologie und Kirche versagt. Wir dürfen nicht außer acht lassen, daß wir tatsächlich aus nichttheologischen und nichtkirchlichen gesellschaftlichen Bereichen mehr Gutes zur Frauenbefreiung gehört haben als aus der Theologie selbst. Als der Funke dann auf die Theologie übersprang, waren wir dankbar dafür. In der Frage, wie diese Impulse fruchtbar gemacht werden können, haben Frauen inzwischen verschiedene Wege beschritten. Aber dieses Gemeinsame bleibt auch in aller Differenz.

Du bist in diesem Jahr von der Frankfurter Universität zur außerplanmäßigen Professorin ernannt worden. Du bist Wissenschaftlerin auf dem Gebiet der historischen Theologie. Es interessiert uns, welchen Fragestellungen und Themenschwerpunkten feministischer Theologie Deiner Meinung nach zukünftig in diesem Bereich nachgegangen werden sollte?

Ich kann das leider nur ganz pauschal sagen: in allen Bereichen ist zu arbeiten. Es müßte in allen Epochen vom Kaiserreich über die Weimarer Republik bis heute danach gefragt werden, wie die Geschlechterkonstruktion ausgesehen hat. Es müßte gefragt werden, welche Konstruktionen der Geschlechter es in sozialwissenschaftlichen oder in literaturwissenschaftlichen Theoriebildungen gibt und wie diese in der Theologie aussehen. Stößt die Theologie die nichttheologischen Geschlechtertheorien an, oder hat die Theologie sich von ihnen anstoßen lassen. Dann natürlich auch Frauenbiographien, da haben wir ganz wenige – die Rolle von wichtigen Frauen müßte verstärkt untersucht werden. Dann natürlich auch Frauenaktivitäten: wo Frauen wirklich etwas angestoßen haben, sei es im Bereich von Frauenverbänden oder anderswo. Dieser Frauenaspekt wäre für alles fruchtbar zu machen, was in der Kirchengeschichte verhandelt wird. Ich gehe davon aus, daß in der Geschichte Männer und Frauen immer gemeinschaftlich agieren, zwar mit unterschiedlichen Rollen, in unterschiedlichen Feldern, aber die Reduktion der Geschichte nur auf den männlichen Lebenszusammenhang und auf das, was Männer getan haben, ist tatsächlich nur die Hälfte der Wahrheit. Da fände ich es andererseits auch künstlich, nur Frauenthemen zu nennen. Ich denke, unser Perspektivenwechsel hat uns klar gemacht, daß sich Frauen und Männer miteinander verhalten. Das muß deutlicher thematisiert werden.

Seit einiger Zeit hat frau den Eindruck, daß der Konsens unter feministisch arbeitenden Frauen in der Wissenschaft allmählich brüchig wird. Wo liegen gegenwärtig nach Deiner Ansicht die markantesten Differenzen zwischen den verschiedenen Generationen von Frauen, die sich als Feministinnen verstehen?

Meiner Meinung nach ist das, was sich als Feministische Theologie seit Mitte der 70er Jahre in Deutschland artikuliert hat, etwas anderes als das, was Feministische Theologie heute ist. Hier hat sich ein immenser Wandel vollzogen. Dieser hat Konsequenzen sowohl für das Verhältnis von euch Jüngeren gegenüber uns Älteren, aber auch für den Wandel der Lebensformen. Der Anfangsimpuls der Feministischen Theologie war, sich stark auf Frauen zu beziehen und Frauenzusammenhänge zu stärken, d. h. nicht nach Interaktionen von Frauen und Männern zu fragen, sondern zunächst den Frauenbereich zu betonen. Dies ist für mich als Historikerin immer ein Problem gewesen: Im Nationalsozialismus habe ich klassische Zeitgeschichtsforschung betrieben; da kamen Frauen nicht vor, und dann habe ich feministisch-theologisch gearbeitet. Jetzt hätte ich den Wunsch, Zeitgeschichtsforschung so zu treiben, daß feministische Gesichtspunkte oder Ansätze der Frauenforschung und der herrschende Diskurs in der Zeitgeschichtsforschung sich einander annähern. Die Männer werden das nicht tun, aber wir Frauen sollten das tun. Ich pflege immer zu sagen: Es gibt keine Frauenquellen, die nicht Interaktionen mit Männern widerspiegeln. Das müßte doch deutlich zu machen sein. Deshalb finde ich auch die Entwicklung hin zur Theorie der Geschlechterbeziehungen viel plausibler. Meine gesamte Arbeit an der Akademie könnte ich nicht machen, ohne auch mit Männern zu kooperieren. Das ist kein Verrat an feministischen Gedanken. Dieser Aspekt ist meiner Ansicht nach in den letzten Jahren auch in die feministische Theoriebildung aufgenommen worden; und ich halte ihn für wichtig.

Angela Rascher/Gury Schneider-Ludorff

(Angela Rascher, geb. 1976. Seit 1996 Studium der evangelischen Theologie (Pfarramt) in Frankfurt/Main. Sie arbeitet in der Frauen-Forschungs-AG und ist seit 1997 studentische Frauenbeauftragte des Fachbereichs.)
(Gury Schneider-Ludorff, Biographie siehe S. 27)

Auswahlbibliographie

1988: (Hg.) Verdrängte Vergangenheit, die uns bedrängt. Feministische Theologie in der Verantwortung für die Geschichte, München. – 1990: zusammen mit Gerda Stuchlik (Hg.): Frauen und Faschismus in Europa: Der faschistische Körper, Pfaffenweiler. –

1991: Feministisch-theologische Anstöße für eine neue Qualität von Kirche, in: Renate Jost, Ursula Kubera (Hg.): Befreiung hat viele Farben – Feministische Theologie als kontextuelle Befreiungstheologie, Gütersloh, S. 43-62. – 1994: zusammen mit Hannelore Erhart und Angelika Engelmann, Feministisch-theologische Anfragen an christologisch-ekklesiologische Aussagen der Barmer Theologischen Erklärung, in: W. Hüffmeier (Hg.), Das eine Wort Gottes – Botschaft für alle. Gütersloh, S. 521-555. – 1994: Rassismus, Antisemitismus und Sexismus, in: Dorothee Sölle (Hg.), Für Gerechtigkeit streiten. Theologie im Alltag einer bedrohten Welt, Gütersloh, S. 151-161. – 1995: Die Aufnahme und Diskussion der Genus-Kategorie in der theologischen Wissenschaft, in: Hadumod Bußmann/Renate Hof (Hg.), Genus. Zum Geschlechterverhältnis in den Wissenschaften, Bd. I, Stuttgart, S. 60-112. – 1998: zusammen mit Gury Schneider-Ludorff, Barbara Schoppelreich, Beate Hämel (Hg.), Frauen Gestalten Geschichte. Im Spannungsfeld von Religion und Geschlecht. Hannover.

»Klarheit macht nicht notwendig lieblos«

Dorothee Sölle

Dorothee Sölle ist 1929 in Köln als viertes von fünf Kindern der Familie Nipperdey geboren worden. Sie hat Philosophie und alte Sprachen, Evangelische Theologie und Germanistik studiert. In den Literaturwissenschaften wurde sie promoviert, in der Philosophie habilitierte sie sich. Von 1968-1972 war sie eine entscheidende Trägerin der »Politischen Nachtgebete«. 1975 wurde sie als Professorin für Systematische Theologie an das »Union Theological Seminary« nach New York berufen, sie lehrte dort zwölf Jahre. In Paris erhielt sie 1977 die theologische Ehrendoktorinnenwürde. Mit zivilem Ungehorsam protestierte Dorothee Sölle 1985 in Mutlangen vor dem Pershing II-Raketendepot und wurde wegen »Nötigung« verurteilt. 1988 setzte sie sich für den Frieden vor die Tore des US-Giftgasdepots in Fischbach, »versuchte Nötigung« hieß das Urteil. 1994 wurde sie Ehrenprofessorin der Hamburger Universität. In Kassel und Basel lehrte sie als Gastprofessorin. Dorothee Sölle ist Mutter von drei Töchtern und einem Sohn, inzwischen ist sie auch Großmutter. Sie lebt heute mit ihrem Mann Fulbert Steffensky in Hamburg.

Als 1990 ihr Buch »Gott denken. Eine Einführung in die Theologie« erschien, kam Dorothee Sölle nach Frankfurt/Main. Gemeinsam mit Renate Jost veranstaltete sie ein Seminar zum Thema »Feministische Befreiungstheologie«. Eine Woche lang setzten wir uns gemeinsam über die Kerngedanken ihres Buches auseinander. Für mich war dies eine intensive Vorbereitungszeit für meinen Nicaragua-Aufenthalt. In einem kleinen selbstgegründeten Frauenorden im Osten des Landes half ich bei Alphabetisierungsmaßnahmen. Diese Zeit prägt noch heute mein theologisches und politisches Denken. Gut sieben Jahre später fuhr ich nun von Frankfurt nach Hamburg, um Dorothee Sölle zu interviewen. Sie begrüßte mich mit den Worten, daß ihr mein Referat von damals gerade wieder in die Hände gefallen sei. Eine Revue mittelamerikanischer Bilder im Kontext bundesrepublikanischer Verhältnisse bestimmte so die Atmosphäre des Gesprächs. Die folgenden Fragen lagen vor uns auf dem Tisch:
Was heißt es, feministische Befreiungstheologin zu sein? Worin unterscheiden sich Freiheit und Befreiung? Was verbindet Frau-Sein, Mystik und Feminismus in den neunziger Jahren miteinander?

Beginnen wir mit Deinem Selbstverständnis als feministische Befreiungstheologin.
Ich hatte mit anderen zusammen in den sechziger Jahren eine politische Theologie entwickelt. Daher fühle ich mich mit der Generation von Jürgen Moltmann und Johann Baptist Metz eins. Wir haben gleichzeitig und in verschiedenen Auseinandersetzungen, auch mit verschiedenen Vätern, so etwas entwickelt, was ich heute gerne »die Politisierung des Gewissens« nennen möchte. Das heißt theologisch gesprochen, daß der christliche oder biblische Grundbegriff der Sünde einen klareren Sinn bekommt. Er hat demnach nicht nur mit meiner Sexualität zu tun, sondern mit meinem politischen Verhalten oder mit meinem politischen Dulden. Was ich nicht getan habe dem ärmsten meiner Geschwister, das ist aus der Sicht der Bibel hoch interessant. Jene Perspektive war ein wesentlicher Schritt voran in der europäischen Theologie. Es war für mich eine konzeptionelle Klärung, als ich hörte, daß eine solche politische Theologie in der Dritten Welt Befreiungstheologie genannt wurde. Das hat mich sehr bewegt, ich habe das wie ein Geschenk der Armen an die Reichen empfunden. Der Feminismus als eine Form der Befreiungsbewegung trat erst etwas später in mein Leben: durch meine Begegnung mit den USA und meinen Freundinnen dort und die dort schon sehr viel weiter entwickelte feministische Theologie. In Deutschland existierte eine solche noch nicht. Sicher war schon länger die Ordination von Frauen erkämpft, eine institutionelle feministische Theologie war gefordert worden. Aber es gab nicht eigentlich eine theologische Kritik an der herrschenden Theologie. Diese Kritik hat sich durch den Aufenthalt in den USA für mich sehr vertieft. Nachträglich würde ich sogar sagen, daß ich erst dort begriffen habe, daß ich – auch als ich das noch nicht so nannte – schon Feministin war.
Gab es ein Erlebnis, in dem Du Freiheit oder Befreiung erfahren hast?
In Deutschland hatte ich gewissermaßen Berufsverbot. Sehr schön war für mich daher die Berufung an das »Union Theological Seminary«, das immerhin einen gewissen Weltruf hat und eine großartige Schule ist. Die dortigen Frauen hatten meine Berufung durchgesetzt.
Feministin zu werden, war für Dich eher ein Prozeß über lange Jahre?
Ja, ganz sicher. Ich habe in »Gegenwind« beschrieben, daß ich schon als Kind bemerkte, daß es vorteilhafter war, ein Junge zu sein. Allerdings bin ich in einem sehr liberalen Elternhaus groß geworden. Meine Mutter war eine außerordentlich wache und begabte Frau, die das Abitur gemacht hatte

und dann fünf Kinder bekam. Am liebsten aber hätte sie Medizin studiert. Uns Kinder hat sie jahrelang geheilt. Sie war widerspruchsfähig und liberal. In der Familie habe ich kaum Unterdrückung erlebt. Meine Brüder mußten auch das Geschirr abtrocknen und vieles anderes. Die Grundzüge des Liberalismus wie Zugang zu Schule, Universität, freie Berufswahl und freie Partnerwahl galten bei uns selbstverständlich für beide Geschlechter.

Befreiung aus einer liberalen Freiheit

Was mich immer fasziniert hat, ist der unbedingte Ernst, der aus Deinen Büchern spricht. Die Toleranz dagegen schätzt Du nicht sehr hoch. Wie verträgt sich das mit der Herkunft aus einem liberalen Elternhaus?
Meiner Ansicht nach wird die Kraft der Toleranz heute überschätzt. Sie ist sozusagen die einzige Tugend, die noch übrig bleibt. Während die Solidarität abgebaut wird, bleibt eine gewisse distanzierte freundliche Toleranz. Sie hilft einem obdachlosen Jugendlichen überhaupt nichts. Sie drückt vielmehr eine apolitische Haltung aus. Ich bin vielleicht nicht persönlich beschädigt durch Repression oder famliäre Unterdrückung, wie es viele Frauen waren und sind. Aber das Schicksal der Juden bedrückte mich immer sehr. Meine Eltern hatten viele jüdische Freunde und Bekannte, dieses gesamte Problem lag vom ersten Tag an auf dem Tisch des Hauses. Nach außen durfte es nicht getragen werden, das wußten wir alle. Es ist erstaunlich, was es bedeutet, wenn ein Kind in zwei Welten aufwächst und es ganz früh weiß, daß man die Grenze nicht überschreiten darf. Das hat mich stark geprägt. Ich wollte nicht einfach Theologie machen; ich wollte wissen, ob ich als denkender Mensch überhaupt Christin werden könnte. Die Fragen nach dem Sinn unseres Lebens fand ich in der christlichen und der jüdischen Tradition in einer ganz anderen Tiefe beantwortet als das, was mein Elternhaus mit seiner schönen Liberalität mir bieten konnte. Befreiung habe ich, so könnte man sagen, aus einer liberalen Freiheit heraus gefunden.
Was ist das für ein Freiheitsbegriff, was steckt in dieser Befreiung von der Freiheit?
Mit Erfahrungen von Leiden, von Schmerz, von Unglück verschiedener Art anders als hinnehmend fromm umzugehen, dies erscheint mir als der wesentliche Anstoß. Je älter ich werde, um so ungeduldiger werde ich mit dieser Art von Fatalismus. Befreiung ist ein schöneres Wort als Freiheit, weil es

den Prozeß deutlich macht und auch die Unendlichkeit des Prozesses. Das Wort Befreiung ist eine andere Übersetzung für »soteria«, für Erlösung. Es bedeutet das Hineinwachsen in das Liebesfähigwerden. Das ist ein Prozeß, der nicht endet. In diesem Sinn brauchen wir jeden Tag neu Befreiung. Die Gefängnisse, in denen wir leben, sind heute viel raffinierter als sie jahrhundertelang waren. Da waren sie sichtbar: die Klasse, die Rasse, die Landschaft. Das ist heute anders.

Als Wesen der Beziehung geboren

Zu den sichtbaren »Gefängnissen« ließe sich neben der Klasse, der Rasse, der Landschaft doch auch das Gefängnis »Geschlecht« zählen. Ist das auch verschwunden?
Für die Theoriebildung ist es im Schwinden begriffen. Es ist zu einem Konstrukt geworden und hat mit dem lieben Gott oder der Natur der theoretischen Auffassung nach nicht das Geringste zu tun, weil es so etwas in diesem Denken nicht gibt. So richtig es ist, daß das Geschlecht konstruiert und dekonstruiert wird, so hat es doch einen Grund in der Biologie oder in der Schöpfung oder wie immer man das nennen will. Es gibt einen Trend in der Frauenbewegung, der sich gegen diese akademische konstruktivistische Theorie wendet. Sehr viele Frauen vertreten einen ökologischen Feminismus, der tief verwurzelt ist in einer Liebe zur Schöpfung und den Erfahrungen mit Geburt und Stillen, der aber auch weiß, was es bedeutet, eine alte Mutter in den Tod zu begleiten. Diese Beziehungsfähigkeit ist für das Leben elementar. Wir sind als Wesen der Beziehung geboren. Innerhalb der Frauen-Existenz ist hierfür eine biologische Anlage da. Ich glaube nicht, daß sich das auf die Dauer völlig wegdekonstruieren läßt.
In Deiner Kritik an der Postmoderne sprichst Du von der »Sowohl-als-auch-Falle«, die Postmoderne bewege sich in einer unentschiedenen Relativität. Ihr setzt Du das »Entweder-Oder« entgegen. Im »Entweder-Oder« steckt aber doch auch ein Abbruch, eben eine Entscheidung für das eine gegen das andere. Widerspricht das nicht Deiner Rede von der Beziehungshaftigkeit?
Die religiöse Grundlage des »Entweder-Oder« ist das Gute und das Böse. Und das gibt es, würde ich schlicht sagen. Daß das »Entweder-Oder« zu einem Scheidungsmechanismus ausgedehnt wird, halte ich für ein Unglück. Für mich ist ein biblisches Grundprinzip leitend: Ich habe vor Dich hingelegt das Leben und den Tod, so wähle nun das Leben. Und das heißt

Abschied von dem Weg der Anpassung. Der Postmodernismus läßt sich als eine Anpassungsphilosophie lesen. Ich möchte dagegen an einer Grundoption für das Leben festhalten, am Leben in seiner Fülle, auch für das individuelle Leben mit dem Recht auf Entfaltung, auf Bildung.

Was heißt das Entweder-Oder für das Verhältnis der Geschlechter zueinander?

Der schlimmste Dualismus ist natürlich der Mann-Frau-Dualismus, der als Herrschaft des Mannes über die Frau ausgelegt wird. Mich hat es sehr getröstet, als ich hörte, daß es nur ein Chromosom ist, das uns unterscheidet. In mir ist auch ein Mann, und in meinem Mann Fulbert sind ganz sicher mindestens zwei Mütter. Die eigene Nähe zum anderen Geschlecht zu erfahren, ist etwas sehr Schönes. Daß wir auf verschiedenen Instrumenten spielen, dieses Moment gehört ganz sicher mit zum Begriff der Freiheit.

Anthropologisch gesehen findet sich diese Vorstellung im Modell der Androgynität. In einem Menschen sind beide Geschlechter in harmonischer Weise zueinander in Beziehung gesetzt.

Ja, ich hege eine harmonische Vorstellung. Aber Klarheit macht nicht notwendig lieblos, um mit einer meiner Lieblingstugenden zu antworten.

Ist diese Vorstellung nicht aber auch eine angepaßte Theorie, die den Kampf, die Konkurrenz und die Herrschaftsverhältnisse zwischen den Geschlechtern verschleiert? Wir erleben diese Harmonie unter den Geschlechtern, wenn überhaupt, dann doch nur höchst fragmentarisch.

Diese Diskussion erinnert mich an die Frauenkonferenz in Bejin (Peking). Hier war es ein Einwand der Dritte-Welt-Frauen gegen die Erste-Welt-Frauen, die ihnen sagten, ihr meint, ihr hättet alles, weil ihr alles benutzen könnt, aber ihr seid ja nicht eigentlich Frauen in unserem Sinn. Ihr habt es schon aufgegeben, euer Frau-Sein zu entwickeln. Denn das androgyne Menschenbild, das uns die Postmoderne vorschwafelt, dem kann nur kinderlos gefolgt werden. Es ist das kinderlose Paar, das als Leitbild vor uns steht. Es sind nicht Philemon und Baucis, die miteinander alt werden und sich dann in Bäume verwandeln, wie es in dem wunderbaren Bild der Mythologie ausgedrückt wird. Hier sind schlanke, ähnlich geformte Menschen mit gleicher Größe, gleicher sportlicher Fähigkeit, gleicher Tanzfähigkeit gemeint. Es sind vom Leben ganz ungebeutelte Menschen, die nicht in einem Generationenzusammenhang leben. Der androgyne Mensch ist ein eher griechischer Traum, nicht ein familialer Traum. Er reicht nicht aus.

Was Du schilderst, klingt überaus weiblich. Fürsorge, Bezüge leben, familiales Denken und Handeln. Eigenschaften, die Frauen immer gelernt haben

und lernen mußten. »Gegenwind«, Deine Autobiographie, ist Deinem Sohn Martin gewidmet. Was schätzt Du an Deinem Sohn, an Männern?
Es ist richtig, daß das Behüten und Bewahren etwas traditionell Weibliches ist. Aber im Licht der Schöpfung zeigt sich: Der biblische Gott hat sehr weibliche Züge. Es ist oft verborgen, aber die Psalmen bieten viele Bilder für Gottes Nähe, Wärme und Mütterlichkeit. Fürsorge ist ein heruntergekommenes Wort. Aber mein Leben ist nicht nur Selbst-Sein-Sorge, sondern Sorgen-für-andere macht das Leben reicher. Diese Gestimmtheit empfinde ich gerade bei Martin. Auch von meinem Mann habe ich da unendlich viel gelernt. Er hat mich im Verlauf des Lebens immer mehr katholisiert. Die katholische Wärme, Frömmigkeit und Mütterlichkeit bedeutet mir sehr viel. Deshalb ist eine der zentralen Fragen an den zukünftigen Feminismus: Ist es ein erstrebenswertes Ziel, daß wir alle zu Machos werden, daß wir technokratisch die Natur ausbeuten? Davor habe ich Angst.
Ist es die in den USA diskutierte Frauen-Kirche, die Du Dir als Leitbild gewählt hast? Und weiter: Liegt in der lesbischen Lebensweise eine Verheißung für den Feminismus?
Mein Bedenken gegen den Ausdruck »Frauenkirche« liegt in dem Ausschließlichkeitscharakter, den er mit sich bringt. Ich dagegen möchte doch eigentlich eine Menschen-Kirche haben. Ich habe viele Beziehungen zu lesbischen Frauen, bei ihnen fühle ich mich völlig zuhause. Ich halte auch die frauenzentrierte Sprache, die in der Frauenkirche geübt wird, für einen schönen Selbstausdruck. Wenn Frauen aber, etwa auf dem Kirchentag, das Abendmahl feiern und sagen: Männer? Nein, hier nicht!, dann ist das für mich allerdings ein Bruch des Bundes mit Gott. Denn das Abendmahl ist ein Sakrament. Für ein Gespräch über Sexualität verstehe ich es hingegen gut, daß Frauen Schutzräume brauchen.

Mystik und Widerstand gehören zusammen

Drückt Deine jetzige Beschäftigung mit der Mystik eine Form von Versöhnung mit der Welt aus?
Was ich in dem Zusammenkommen von Politik und Religion immer gesucht habe, ist kein »Entweder-Oder«. In »Mystik und Widerstand« reagiere ich vielmehr auf eine Fragestellung, die mich seit vielen Jahren begleitet. Viele Kampfgefährtinnen und -gefährten, die in ähnlichen Bereichen für Gerechtigkeit, Frieden und Bewahrung der Schöpfung eingetreten sind, haben das aus politischen Gründen getan. Meine Erfahrung ist, daß mit der

Wende von 1989, dem Beginn des dritten Jahrtausends, viele engagierte Menschen alle Träume in diese Richtung aufgegeben haben. Ich glaube, ein Grund dieses Aufgebens ist, daß ihr Engagement nicht religiös verankert war. Als rein säkulare Linke wollten sie die Welt verbessern.
Aber der Mensch ist unheilbar religiös, wie Solowjow gesagt hat. Wir brauchen immer noch mehr Befreiung als wir überhaupt denken können. Die Mystik ist sozusagen das Herz der Religion. Es ist eine wichtige Aufgabe, sie wieder innerhalb der bestehenden Religion und auch innerhalb der Kirchen anzusiedeln. Mystik und Widerstand gehören zusammen. Widerstand ohne eine mystische Frömmigkeit gelingt nicht, er verdorrt. Mystik ohne einen Weltbezug individualisiert sich, neurotisiert sich oder paßt sich wie esoterische Sekten an die Geschäftswelt an. Historisch ist festzustellen, daß die Mystiker und vor allem Mystikerinnen wegen ihrer Gottesliebe in immense Schwierigkeiten mit der Welt gerieten. Religion war nie Privatsache, das ist ein Irrtum des Liberalismus.
Hast Du eine Mystik-Lehrerin oder einen Mystik-Lehrer? Gibt es ein Erlebnis, das Dich auf die Mystik verwies?
Es ist eine lange Suchbewegung, die mich zur Mystik führte. Meine großen mystischen Lehrer sind einmal Meister Eckehart, weil er weit hinausgegangen ist aus dem männlichen Denken. Was Eckehart die Gottheit nennt, das verläßt den Macho-Gott. Gott lassen um Gottes willen, das ist ein Akt, der frei macht, der die Sprache, ihre Grenzen und ihre Begrenzungen übersteigt, und zwar notwendigerweise. Ein anderer großer Lehrer ist Martin Buber, zu dem ich auch eine persönliche Beziehung hatte und habe. Gerade in den chassidischen Geschichten fühle ich mich ihm sehr verbunden. Gott kann man wahrscheinlich eher erzählen als dogmatisch denken. Erzählen und beten, dies sind die wichtigsten Sprachformen. Natur, Erotik, Gemeinschaft, Leiden, Freude – das sind für mich die Orte der Mystik.

Eine ungeheure Gnade

Du sagst, vielleicht muß man, wenn man ein Buch schreibt, irgend etwas weglassen. In diesem Falle ist dies eine Reflexion über den Tod. Wie denkst Du über Tod und Sterben?
Ich habe eigentlich nicht so sehr Angst zu sterben, aber Angst verlassen zu werden. Einer meiner großen Wünsche in meinem Leben ist, daß wir, mein Mann und ich, zusammen gehen könnten. Das empfände ich als eine ungeheure Gnade.

Ist das die Suche nach Bindungen, Beziehungen, die im Sterben tragen?
Beverly Harrison, meine Freundin aus den USA, hat mir von einer Frau erzählt, die im Sterben lag und viele Freundinnen dazu eingeladen hatte. In einem Raum ihrer Wohnung lag sie, in einem Nebenraum sangen die Freundinnen. Sie feierten eine Art Party. Ich hätte das gerne miterlebt. Es geht darum, den Tod in das Leben zu integrieren.
Steckt in dieser Geschichte auch die Vision einer feministischen Befreiungstheologin?
Feminismus wird für mich immer mehr eine Kultur, die wir aufbauen und weitergeben. Von solchen Absichten sehe ich in der gegenwärtigen feministischen Theoriebildung sehr wenig. Da ist ein Abstraktionsniveau erreicht worden, das nur in einem wissenschaftlichen Diskurs gelten kann. Es dreht sich hier nicht mehr um eine Basisbewegung. Befreiungstheologischer Feminismus ist da viel klarer. Er verwurzelt sich in einer Lebenshaltung. In der gegenwärtigen Theoriebildung steckt eine feministische Überklarheit, in der ich etwas vermisse. Ich möchte selber noch einmal schärfer fassen, wie ich diese feministische Phase der Dekonstruktion zu begreifen habe, ob auch in ihr befreiende Impulse stecken.

Ilona Nord (Biographie siehe S. 128)

Auswahlbibliographie

1965: Stellvertretung. Ein Kapitel Theologie nach dem »Tode Gottes«, Stuttgart. – 1968: Atheistisch an Gott glauben. Beiträge zur Theologie, München, Neuauflage 1994. – 1973: Leiden. Stuttgart, Neuauflage 1993 Freiburg/Breisgau. – 1975: Die Hinreise. Texte und Überlegungen zur religiösen Erfahrung, Stuttgart. – 1984: zusammen mit Luise Schottroff: Die Erde gehört Gott. Ein Kapitel feministischer Befreiungstheologie, Hamburg. – 1993: Mutanfälle. Texte zum Umdenken, Hamburg. – 1995: Gegenwind. Erinnerungen, Hamburg. – 1996: zusammen mit Luise Schottroff: Den Himmel erden. Eine ökofeministische Annäherung an die Bibel, München. – 1997: Mystik und Widerstand, Hamburg.

»Sie fährt stracks durchs Land« – Feministisch-theologische Spiritualität und Engagement für Basisfrauen

Hanna Strack

1936 geboren; Studium der evangelischen Theologie; 1965 ordiniert zur Pfarrerin der Badischen Landeskirche; Familienfrau (drei Söhne); Religionslehrerin in allen Schularten; Scheidung. Etwa 1987 hatte sie zum ersten Mal Kontakt mit feministischer Theologie. Sie gestaltete Frauengottesdienste mit. Seit 1992 ist sie Mitherausgeberin des Frauen Kirchen Kalenders, 1994 gründete sie den Hanna Strack Verlag Zorneding. 1993 begann sie in München ein Promotionsstudium, ihre Dissertation beschäftigt sich mit dem Thema »Segen – Segenstänze, Segensrituale«. Von 1995 bis 1997 war sie leitende Pastorin der Frauen- und Familienarbeit der Ev.-luth. Landeskirche Mecklenburg; Mitarbeit in der Arbeitsgruppe »Erneuerte Agende« der EKD; seit 1997 im Ruhestand und als Verlegerin tätig.

Hanna Strack wird 1936 als Pfarrerstochter in einem kleinen Dorf im Schwarzwald geboren. Sie lernt ihren Vater kaum kennen, da dieser schon bald als Soldat eingezogen wird und im Krieg umkommt. Die Restfamilie zieht nach Königsfeld. Hanna besucht dort das Zinzendorf – Gymnasium der Herrnhuter Brüdergemeine, wo sie 1956 Abitur macht. Ihre Kindheit und Jugend bezeichnet sie rückblickend als »geprägt von dem sogenannten Kriegerwitwenmief«, d. h. der belasteten Situation einer dem verstorbenen Vater nachtrauernden Mutter, der sich auch über die Kinder und speziell über sie als Tochter legte. Diese trostlose, depressive Weltsicht habe sie während ihrer ersten Lebenshälfte stark geprägt.

Nach dem Abitur geht sie zunächst für ein Jahr in einen englischen Haushalt in London. Ihr Berufswunsch ist Schauspielerin. Sie sagt von sich, daß sie eine »ausgesprochen dramatische Begabung« habe. Nachdem sie jedoch durch die Aufnahmeprüfung der Münchner Schauspielschule gefallen ist, beginnt sie in Freiburg Germanistik und Anglistik zu studieren. Getrieben von dem Wunsch, zu ergründen »was die Welt im Innersten zusammenhält« wechselt sie jedoch nach einem Semester zum Theologiestudium. Im Rückblick benennt sie als weitere Beweggründe für den Wechsel zur Theologie die Möglichkeit, die eigene religiöse Sozialisation kritisch zu hinterfragen sowie die Suche nach ihrem früh verstorbenen Vater. Wenn sie heute noch einmal die Wahl hätte, würde sie zusätzlich zur Theologie noch Volkswirtschaft studieren: »Das ist immer mein Interesse gewesen. Ich habe in schwierigen Zeiten oft davon geträumt, nach St. Gallen zu gehen und dort Volkswirtschaft zu studieren, weil es in diesem Gebiet um Macht geht.«

Hanna Strack beginnt ihr Studium in Heidelberg. Zu dieser Zeit, Ende der 50er Jahre, sind mit ihr noch drei weitere Frauen auf der Liste der Theologiestudierenden der Badischen Landeskirche. Die Möglichkeit der Ordination in das volle Pfarramt gibt es für sie als Frau zu diesem Zeitpunkt noch nicht. »Ich hatte damals kein Bewußtsein dafür. Für mich war nur klar: Ich will Theologie studieren.«

Im Studium beschäftigt sie sich schon bald intensiv mit Hermeneutik, der Lehre vom Verstehen.

»Im Anschluß an ein alttestamentliches Proseminar zur Hermeneutik wollte ich mich mit dieser Frage gerne näher beschäftigen und las daraufhin in der RGG (d.i. »Die Religion in Geschichte und Gegenwart«, ein theologisches Lexikon; R.S.) einen Artikel über Hermeneutik von einem gewissen Ernst Fuchs. Danach dachte ich: Da muß ich hin, wo dieser Ernst Fuchs lehrt! Also habe ich meine Koffer gepackt und bin nach Berlin gewechselt.«

Hanna Strack studiert mehrere Semester bei Ernst Fuchs, der sie mit seiner »Mischung aus Pietismus und Existentialismus« und mit seiner Art, mit Texten umzugehen, sehr beeindruckt. Sie studiert zusammen mit einer Studienfreundin ein Semester lang in Wien »wegen der Oper« und geht anschließend nach Marburg, wohin Fuchs von Berlin her gewechselt hatte. Noch in Berlin war sie als Stipendiatin der Studienstiftung des Deutschen Volkes angenommen worden. Finanziert durch das Stipendium geht sie für den Rest des Studiums nach Zürich und studiert dort vor allem bei Gerhard Ebeling und Walter Bernet.

1963/64 absolviert sie das Erste theologische Examen und kommt zunächst in ein Sondervikariat in ein Internat nach Gaienhofen, wo sie hauptsächlich Religionsunterricht erteilt. Daneben besucht sie die Ausbildungskurse des Predigerseminars der Badischen Landeskirche in Heidelberg. Im Mai 1965 wird sie ordiniert und gehört damit zur ersten Generation von Theologinnen, die in der Badischen Landeskirche den Titel Pfarrerin tragen dürfen. Es folgt noch ein Jahr »Gemeindevikariat« in Karlsruhe-Mühlberg. Sie berichtet, daß ihr Verhältnis zu ihrem damaligen Mentor ausgesprochen gut war, und er sie wie eine gleichberechtigte Kollegin behandelt habe. Nach Abschluß des Gemeindevikariats heiratet sie einen Kollegen. Sie bekommen im Laufe der nächste Jahre drei Söhne. Ihren Beruf – sie ist als Religionslehrerin tätig – übt sie auch während dieser Familienphase weiter aus, erntet dafür aber von ihrer Umwelt nur Unverständnis. »Meine Kolleginnen gaben, wenn sie heirateten, sofort ihren Beruf auf. Weil ich neben der Familie unbedingt noch ein paar Stunden Unterricht erteilen wollte, sagten sie zu mir: ›Ja, bist du dir denn zu gut zum Putzen?!‹ Von anderen Bekannten hörte ich, daß gesagt wurde: ›Warum geht sie denn in die Schule, reichen ihr denn ihre Kinder nicht?‹«

Zusammen mit ihrem Mann wechselt sie von Heidelberg über Freiburg nach München. In München gerät ihre Ehe in die Krise. Sie lassen sich scheiden. Hanna Strack kann jedoch mit ihren Söhnen in der Dienstwohnung bleiben. An ihrem Arbeitsplatz in der Schule erfährt sie während dieser Krisenzeit große Unterstützung von einem Kollegen und dem Rektor der Schule. Beide ermutigen sie und sorgen dafür, daß sie in ein Angestelltenverhältnis treten kann. Hilfe erfährt sie auch durch den Therapeuten und Supervisor Werner Huth, der mit ihr u. a. Traumarbeit macht und ihr, wie sie sagt, hilft, mehr Ichstärke zu entwickeln.«Wenn ich heute den Satz sage: ›Ich glaube‹ – dann ist das ein Satz, der zwei ganz wesentliche Elemente hat, nämlich das ›Ich‹ und das, was ich glaube. Und das hat Werner Huth gesehen, daß ein ›Ich‹ sein muß, um zu glauben.«

Wie Hanna Strack erzählt, hat sie in der Zeit nach ihrer Scheidung ein gebrochenes und sehr kritisches Verhältnis zur Kirche. Dann bekommt sie im Januar 1987 eine Einladung zu einem Wochenende des Theologinnenkonvents der Bayrischen Landeskirche. Eine Kollegin ermutigt sie, daran teilzunehmen. Dort erlebt sie zum ersten Mal einen getanzten Abendmahlsgottesdienst und begegnet feministischen Theologinnen. Sie ist so berührt und begeistert, daß sie beschließt: »Ich muß jetzt in München andere Frauen treffen«. Sie besucht Veranstaltungen des von der Bayrischen Landeskirche neu eingerichteten Arbeitsbereichs Frauen in der Kirche und hält schon bald eigene Seminare und Vorträge zu feministisch-theologischen Themen. Daneben beschäftigt sie sich u. a. ausführlich mit Hildegard von Bingen.«Ich war wie ein ausgetrockneter Schwamm oder – noch besser – wie eine Windhündin, mit hängender Zunge bin ich hinter allem hergerast, rasend und wild, um alles nachzuholen. Ich hatte einen enormen Wissensdurst. – Ich denke, daß dabei zwei Dinge zusammenkamen: erstens mein Bedürfnis nach Wirklichkeit und nach Existenz, das ich schon im Studium hatte, und zweitens meine Identitätskrise, in der ich mich seit der Scheidung befand. Beides hatte im Bereich feministischer Theologie Raum und wurde dort in bezug auf mich als Frau thematisiert.«

Sie beginnt, auch ihren Religionsunterricht allmählich im Hinblick auf feministisch-theologische Themen umzustellen. Dabei muß sie jedoch feststellen, daß diese in den herkömmlichen Unterrichtsmaterialien nicht vorkommen.
Die Wochenenden des bayrischen Theologinnenkonvents werden für sie zu »Quellen der Begeisterung, der Solidarität und der Schwesternfreundschaft«. In der Gemeinde, in der sie wohnt, beginnt sie damit, zusammen mit anderen Frauen zweimal im Jahr einen Frauengottesdienst zu feiern. 1991 veröffentlicht sie eine Dokumentation dieser Gottesdienste unter dem Titel »Den Schatz heben«.
Ihr wachsendes Interesse an feministischer Liturgie und Spiritualität wird auf einem Seminar in der Akademie Tutzingen über Fremdreligionen noch verstärkt. Dort erlebt sie ein buddhistisches Segensritual mit, das von Kaye Hoffmann geleitet wird. Dadurch angestoßen, liest sie ein Buch von Claus Westermann zum Thema Segen im Alten Testament, das für ihre spätere Arbeit wichtig wird. Sie besucht Wochenendworkshops mit Kaye Hoffmann über Ekstase: »Das hat mir sozusagen meine inneren Mauern gebrochen. Ich habe auf einmal eine innere Weite erlebt.« Sie entdeckt, daß sie schreiben kann und beginnt damit, Segenstexte zu verfassen, die teilweise in den ekstatischen Erfahrungen während der Workshops ihren Ursprung haben.
Für den Fotoband eines Kollegen am Gymnasium schreibt Hanna Strack Gebets- und Segenstexte, die veröffentlicht werden. In dieser Phase trifft sie eine wichtige Entscheidung – sie erzählt: »1990 lernte ich Frau Dr. Sperl, die Frau eines Oberkirchenrats der Bayrischen Landeskirche, kennen. Sie erzählte, daß sie nach fünf Kindern noch Theologie und Pädagogik studiert und promoviert hat. Wir haben zusammen ein Weisheitsseminar angeboten. Zu dieser Zeit litt ich immer mehr unter dem Druck in der Schule. Ich bin manchmal auf dem Weg dorthin stehen geblieben und dachte: Muß ich da jetzt wirklich hin? Immer dieser Druck, nur 45 Minuten pro Unterrichtsstunde. Schließlich saß ich einmal in der Pause im Freien und dachte: Nein! Jetzt mache ich es wie Frau Sperl, jetzt promoviere ich. Ich schrieb daraufhin an Professor Bäumler und teilte ihm mit, daß ich über das Thema Segen promovieren möchte. Professor Bäumler gab mich und mein Anliegen an Wolfgang Steck weiter. Als ich ihn besuchte, stellten wir fest, daß wir beide bei Fuchs in Marburg studiert haben. Ich trug ihm mein Anliegen vor, und er erklärte sich daraufhin bereit, meine Dissertation zu betreuen. Er holte einen Cognac hervor, wir stießen an, und ich war somit Promotionsstudentin!«

Hanna Strack wohnt in dieser Lebensphase inzwischen bei ihrem Freund und Lebensgefährten, den sie 1981 kennengelernt hatte. Deshalb kann sie es sich leisten, von ihrem Ersparten eineinhalb bis zwei Jahre zu leben und an ihrer Dissertation zu arbeiten. Sie behandelt das Thema Segen in erkenntnistheoretischer Perspektive unter der Fragestellung: »Was passiert beim Segnen (sprachlich und räumlich)?« Sie wird Mitglied der Europäischen Gesellschaft für theologische Forschung von Frauen (ESWTR) und arbeitet in einer Arbeitsgruppe zum Thema Spiritualität mit, die später zusammen ein Buch herausgibt (Göttinnen und Priesterinnen, 1995).
Auf Anregung ihrer Kollegin Brigitte Enzner-Probst beginnt Hanna Strack ab 1992, den Frauen Kirchen Kalender zunächst im Christian Kaiser Verlag, dann im eigens dafür gegründeten Verlag herauszugeben. Diese Verlagsgründung, die ihr Leben im Ruhestand dann ganz ausfüllen wird, war notwendig geworden, als der Kaiser Verlag an das Gütersloher Verlagshaus verkauft wurde und dieses den Kalender nicht übernehmen wollte. Die Auflage von 3500 Stück hat sich inzwischen mehr als verdoppelt. Der Frauen Kirchen Kalender ist für Frauen in Kirche und Gemeinde gedacht. Er enthält Frauenbiographien, spirituelle Texte, Informationen und Adressen, die für Frauen in und am Rande von Kirche interessant sind. In ihrem Verlag bringt Hanna Strack außerdem verschiedene Bücher zum Thema Segen heraus.
1995 tritt sie eine Stelle als leitende Pastorin der Frauen- und Familienarbeit in der Mecklenburger Kirche an. Am Anfang ist die Situation sehr schwierig, es herrscht Skepsis gegenüber ihr als Westfrau. Schon bald hat sie sich jedoch Vertrauen und den Ruf erworben, »stracks durchs Land« zu fahren. Sie organisiert eine Ausstellung über Frauen in der Kirchengeschichte Mecklenburgs im Rahmen der Tausendjahrfeier 1995. Zudem bietet sie in den kirchlichen Frauenkreisen meditativen Tanz und Frauenliturgien an. Schließlich stellt sie eine ABM-Kraft ein, die die Aufgabe hat, Frauengestalten auf den Altären in den Kirchen Mecklenburgs zu sammeln und zu dokumentieren. »Sie hat 30 verschiedene Frauenaltäre gefunden und 60 verschiedene Frauengestalten. Allein die Heilige Katharina ist 79 mal vertreten, nur auf Altären, die Fresken noch nicht mit einbezogen. Das will ich weiter verfolgen, weil ich denke, daß es einen Grund hat, daß dort so viele Frauen dargestellt sind. Frauenschicksale aus früheren Zeiten haben meiner Meinung nach auch für uns heute lebende Frauen eine Bedeutung. Ich bin einmal der koreanischen Theologin, Frau Chung Hyun Kyung, begegnet, die gesagt hat: Schaut, wo eure Wurzeln sind hier in Europa! Also nicht den Hinduismus und Schamanismus wie in Korea,

sondern unsere eigenen religiösen Traditionen gilt es zu entdecken. Und da gibt es noch ganz viel zu erforschen.«
Im September 1997 wird Hanna Strack verabschiedet und geht in den Ruhestand. Sie hat zusammen mit ihrem Lebensgefährten beschlossen, in Schwerin wohnen zu bleiben. Für ihr Leben als Rentnerin hat sie viele Vorhaben. Natürlich wird sie ihren Verlag weiterführen und an ihrer Doktorarbeit schreiben. Sie hat zudem vor, einen Band mit Liebesgedichten herauszugeben, u. a. weil Spiritualität und Sexualität/Erotik für sie zusammengehören. »Wenn wir die Leibfeindlichkeit des Christentums nicht wollen, wie sieht dann überhaupt die Leibfreundlichkeit aus? Da muß Erotik eine Rolle spielen, und deswegen habe ich jetzt einige Liebesgedichte geschrieben.«
Außerdem plant sie, ein Buch über Frauengestalten in den Visionen der Hildegard von Bingen zu veröffentlichen. Weiterhin will sie natürlich Gottesdienste mit Frauen feiern. Es ist ihr auch ein Anliegen, mit den Frauen des Landesfrauenrats von Mecklenburg-Vorpommern (ein Zusammenschluß von 27 Frauenverbänden), die sie im Rahmen ihrer Tätigkeit als Leiterin der Frauenarbeit kennengelernt hat, im Gespräch zu bleiben. »Diese Frauen sind sozial sehr engagiert. Sie würden von sich sagen, daß sie Atheistinnen sind. Ich habe aber schon öfter die Erfahrung gemacht, daß eine der Frauen sagt: Ich bin zwar nicht religiös, aber ... dann kommt eine Aussage, die über den Sinn des Lebens und über Zusammenhänge nachdenkt. Ich glaube, daß im Sinne von Tillichs Verständnis der religiösen Dimension da eine Möglichkeit wäre, ins Gespräch zu kommen. Zunächst sehen sie mich aber erst einmal als Frau, als Pastorin, mit der man sich über die gemeinsame Sorge um die Situation der Frauen in Mecklenburg-Vorpommern, die durch die Nachwende-bedingte Arbeitslosigkeit ganz schrecklich ist, unterhalten kann.«
Als Mitglied der Arbeitsgruppe von Evangelische Kirche der Union und Vereinigte Lutherische Kirche in Deutschland »Erneuerte Agende« hat sie sich dafür eingesetzt, daß Frauenleben in den Gottesdiensttexten zur Sprache kommt. Jetzt im Ruhestand arbeitet sie an einem neuen Abendmahlsbuch mit mehreren Frauen zusammen.
Für den nächsten Kirchentag plant sie, einen Workshop für Scheidungsliturgien anzubieten. Sie sieht Bedarf in dieser Richtung und will mit diesen Liturgien zeigen, daß »Gott auch in diesen Situationen von Scheidung und Trennung da ist«.
Als wichtigste Aufgabe feministischer Theologie und Praxis benennt sie abschließend: Die Selbstverantwortung und das Selbstbewußtsein von Frauen zu stärken. Dies muß nach ihrer Auffassung auf zwei Ebenen geschehen: auf der Ebene von Liturgie und Gottesdienst als spirituelle Stärkung der

Frauen und auf der (kirchen-)politischen Ebene als Einsatz für die Gleichberechtigung von Frauen und dadurch, daß sichtbar und öffentlich gemacht wird, was Frauen können und tun.

Regina Sommer

(Geb. 1964. Lebt in Wabern/Hessen. Arbeitet als Pfarrerin. Studium der evangelischen Theologie in Oberursel, Mainz, Tübingen und Marburg. Promotion in Praktischer Theologie. Thema der Dissertation: »Lebensgeschichte und gelebte Religion von Frauen. Eine qualitativ-empirische Studie über den Zusammenhang von biographischer Struktur und religiöser Orientierung«. Kollegiatin des Graduiertenkollegs »Religion in der Lebenswelt der Moderne« am Fachbereich Ev. Theologie der Uni Marburg. Stipendiatin der Deutschen Forschungsgemeinschaft, 1992-1995.)

Auswahlbibliographie

1992-1997: zusammen mit Brigitte Enzner-Probst/Irene Löffler (Hg.), Frauen Kirchen Kalender, Zorneding. – 1991: (Hg.), Den Schatz heben. Gottesdienste nach biblischen Texten, München. – 1993: Segen – Herberge in unwirtlicher Zeit. Texte und Schreibwerkstatt von Hanna Strack, Scherenschnitte von Adelheid Strack-Richter, Zorneding (3. Aufl. 1996). – 1995: Kanzelschwalben werden Zaunköniginnen. Frauenliturgien als Anzeichen einer Metamorphose des Christentums, in: D. Pahnke/R. Sommer (Hg.), Göttinnen und Priesterinnen. Facetten feministischer Spiritualität, Gütersloh, 98-113. – 1996: zusammen mit Christiane Freking (Hg.), Segen ist nicht nur ein Wort. Tänze, Gesten, Meditationen, Rituale, Ikebana, Zorneding.

»In gerechten Beziehungen leben« – Feministische Theologie in weltweiter Begegnung

Bärbel von Wartenberg-Potter

1943 geboren; 1963-1969 Studium der Germanistik und Theologie an den Universitäten Heidelberg und Tübingen; Staatsexamen und Referendariat; 1970-1980 Mitarbeit in kirchlichen Arbeitsstellen für Mission, Ökumene und Entwicklung; 1980-1985 Direktorin der Abteilung »Frau in Kirche und Gesellschaft« des Ökumenischen Rates der Kirchen (ÖRK) in Genf; 1985-1990 Dozentin am »Vereinigten Theologischen College« der Universität der Westindischen Inseln und Universitätspfarrerin in Kingston, Jamaika; 1991-1997 Gemeindepfarramt in Stuttgart Botnang; seit 1997 Geschäftsführerin der Arbeitsgemeinschaft Christlicher Kirchen in Deutschland.

Ich bin mit Bärbel von Wartenberg-Potter verabredet in ihrem Büro in der Ökumenischen Centrale im Frankfurter Stadtteil Bockenheim. Seit einigen Monaten arbeitet sie hier als Geschäftsführerin der Arbeitsgemeinschaft Christlicher Kirchen in Deutschland. Dies ist ihre – vorerst – letzte Station auf einer, so könnte man sagen, langen Reise durch die ganze Welt; einer Reise, deren Stationen Ausdruck ihres vielfältigen Engagements sind, innerhalb dessen Frauenbewegung und feministische Theologie eine wichtige Perspektive auf das Ganze darstellen.

Frau von Wartenberg-Potter, wo liegen die Wurzeln für Ihre Art und Weise des Theologietreibens?
Ich stamme aus einer Familie mit fünf Töchtern und einer starken Mutter – das ist nicht unwesentlich, wenn nicht sogar grundlegend für meine Geschichte – und bin aufgewachsen in einem christlichen Elternhaus mit großem kirchlichen Engagement. Wie viele Mädchen der Generation, die im Krieg geboren wurden, wollte ich einen eigenen Beruf haben, natürlich nicht unbedingt einen akademischen. Mein eigenes Interesse am Theologiestudium hat sich dann in der Schulzeit ausgebildet, unter dem Einfluß eines Religionslehrers.
Während des Studiums war Ernst Käsemann einer meiner Lehrer und Vorbild dafür, daß Theologie niemals nur abstrakt betrieben werden darf. Er

war ein sehr engagierter Lehrer, der die Bezüge zur Gegenwart immer wieder hergestellt und hinterfragt hat. Aber die tiefergehenden Fragestellungen, die auch die eigene Identität betreffen, haben sich für mich erst nach meinem Theologiestudium ergeben in der Begegnung mit Theologietreibenden aus anderen Kulturen – besonders schwarzer Theologie aus Südafrika, den USA, sowie auch der Befreiungstheologie aus Lateinamerika. Dadurch hat sich meine eigene Perspektive verändert, und es wurde mir gerade auch die Trennung von Praxis und Lehre fraglich.

Wie haben Sie diese Einsichten konkret umgesetzt?

Nach meinem Studium und einer längeren Zeit beruflicher Praxis in der kirchlichen Erwachsenenbildungsarbeit gewann für mich, beeinflußt durch die Vollversammlung des ÖRK in Uppsala 1968, die Frage nach weltweiter Gerechtigkeit immer größere Bedeutung. Das betraf zunächst die Problematik der Dritten Welt, dann hat für mich auch die Auseinandersetzung mit dem Rassismus eine wichtige Rolle gespielt, und ich habe mich engagiert im Rahmen des Antirassismusprogramms des ÖRK. Später hat sich aus diesen Zusammenhängen auch mein feministisches Interesse entwickelt, sofern mir deutlich wurde, daß es eine strukturelle Ähnlichkeit zwischen Rassismus und Sexismus gibt.

In einem Ihrer Bücher sprechen Sie von der »Empörung« als Ihrem »locus classicus« einer Theologie, die so an den Fakultäten nicht gelehrt wird.

Empörung ist ja kein sonderlich populärer Begriff und schon gar keiner, der in der theologischen Wissenschaftssprache vorkommt. Für mich selbst aber war und ist das treibende Motiv eine Empörung darüber, wie ungerecht es in unserer Welt zugeht. Und je mehr mir diese Empörung abhanden kommt, desto gleichgültiger und depressiver werde ich als Mensch und umso freudloser wird auch meine Arbeit. Es ist aber noch ein weiterer Schritt von der Empörung hin zu der Frage: Warum ist es so? Hier hat mein eigentliches Engagement begonnen, und ich habe sehr viel Bildungsarbeit für mich und auch für andere gemacht.

Und diese Empörung betraf dann auch die Situation der Frauen und initiierte Ihre feministische Kritik?

Ja, ich bemerkte, daß auch Frauen, wie Schwarze in Südafrika oder Menschen in der Dritten Welt, in vielerlei Hinsicht behandelt werden als nicht relevante Gruppe. Deutlich wurde mir, in welcher Weise die Frauen unsichtbar gemacht werden in der Geschichte, der Sprache, im öffentlichen Leben, in der Kirche.

Beeinflußt wurde ich damals durch die beginnenden Bad Boller Tagungen zur feministischen Theologie, in denen ich viel Enthusiasmus und fruchtbare

Begegnungen erlebt habe. Ich habe mich immer wieder dafür eingesetzt, die Frauenthematik im Zusammenhang mit anderen Fragen der Gerechtigkeit zu diskutieren und auch die weltweite Dimension all dieser Probleme nicht außer acht zu lassen.

Über die eigene Bewußtwerdung habe ich dann angefangen, mich selber zur feministischen Theologie zu äußern, denn ich bin Theologin und besonders interessiert an der Auslegung der Bibel. Hier ließ sich nun die ökumenische Bibelkritik, die feststellt, daß wir die Bibel mit der Brille westlicher Kultur lesen, erweitern zu der Frage: Lesen wir die Bibel nicht auch mit den Augen patriarchaler Kultur und im Rahmen männlicher Auslegungstraditionen?

Für mich verbindet sich Ihr Name vor allem mit Ihrer Tätigkeit als Direktorin der Frauenabteilung des ÖRK. Was waren die wichtigsten Stationen Ihrer dortigen Arbeit?

Am Anfang dieser Zeit, 1981, stand die Sheffield-Konferenz, bei der die Ergebnisse eines mehrjährigen, weltweiten Studienprozesses zur Gemeinschaft von Frauen und Männern in der Kirche präsentiert wurden. Die damit verbundene Botschaft an die Kirchen war gleichermaßen unbequem und herausfordernd. Die Frage nach Chancengleichheit und der Teilnahme von Frauen am kirchlichen Leben und der Leitung der Kirchen war nun nicht mehr wegzudenken aus den Diskussionen der Kirchen und des ÖRK.

Bei der sechsten Vollversammlung des ÖRK in Vancouver habe ich eine Vorkonferenz organisiert, auf der es darum ging, das Anliegen der Frauen zu formulieren. Mir lag daran, ein Modell einer erneuerten Gemeinschaft durch die Vollversammlung selbst sichtbar werden zu lassen durch eine hohe Beteiligung von engagierten Frauen in allen Bereichen und Funktionen. Die wirklich überzeugende weibliche Präsenz in Vancouver hat vielen Kritikern erst die Einsichten vermittelt, denen sie sich bis dahin verschlossen hatten. Das gilt auch für die Frauen selbst und ihr Selbstbewußtsein. Zeitgleich lief die UNO-Dekade für die Frauen, die 1985 zu Ende ging. Wir mußten feststellen, daß sich während dieser zehn Jahre in den Kirchen nicht viel verändert hatte. Aus dieser deprimierenden Feststellung ist dann die »Dekade der Kirchen in Solidarität mit den Frauen« enstanden.

Was sind für Sie die wichtigsten Erfolge der ökumenischen Zusammenarbeit der Frauen?

Die Begegnung und die Vernetzung, auch über den ÖRK hinaus, etwa mit katholischen Frauen, sind grundlegend. Ich habe viel gelernt von Projekten, die Frauen gerade in Ländern der Dritten Welt längst mit großem Erfolg organisiert hatten. Die Bewegung der Mütter von Plaza de Mayo in Argentinien zum Beispiel wurde ein Modell für viele Fraueninitiativen, wie etwa die »Women in Black«. Ein sehr wichtiger Faktor war auch die Frauenförderung durch Stipendien. So gibt es etwa in Brasilien einen ersten feministischen Lehrstuhl, den eine Frau inne hat, die sich durch ein solches Stipendium dafür qualifiziert hat. Ähnlich ist es an vielen Orten geschehen, gerade in der Dritten Welt.

Ein zentraler theologischer Begriff und Maßstab Ihres Engagements ist die Gerechtigkeit. Allerdings nicht, wie Sie in »Die Reise der Pachamama« schreiben, eine Gerechtigkeit »mit verbundenen Augen«, sondern die Gerechtigkeit Gottes, die sieht – »und zwar mit den Augen der Opfer«. Können Sie diese hermeneutische Perspektive erläutern in ihrer Bedeutung für die Feministische Theologie?

In der Bibel verbinden sich Gotteserfahrungen immer mit Gerechtigkeit im Sinne des hebräischen Begriffs der *zedakah*, den richtigen Beziehungen der Menschen untereinander und zu Gott. Das heißt, wo immer es darum geht, Menschen im tiefsten Sinne »gerecht« zu werden, ihnen Lebensmöglichkeiten zu geben; wo Raum ist, schwesterlich und geschwisterlich miteinander umzugehen – da ist Gott nicht fern. Dieser Gedanke trägt viel bei zur feministischen Diskussion um das Gottesbild. Daß in dem traditionellen Vatergottesbild die weiblichen Seiten fehlen, das ist ja eine alte Feststellung der feministischen Bewegung. Aber die Diskussion um die Göttin hat mir dann gezeigt, daß die bloße Hinzufügung einer weiblichen personalen Gottesvorstellung nicht genügt. Auch das ist nur *eine* Dimension des Göttlichen. In der biblischen Geschichte, in der sich Gott Moses zu erkennen gibt, müßte der Gottesname eigentlich im Sinne der hebräischen Sprache übersetzt werden mit: »Ich bin da«, nicht aber in ontologischer Wendung: »Ich bin, der ich bin«. Alle Namen, die Menschen geschaffen haben, sind im Grunde genommen nur Annäherungen an diese Qualität der göttlichen Anwesenheit und der göttlichen Erfahrbarkeit. Jedes feste Gottesbild ist daher eine Einschränkung; das gilt in besonderem Maße für den Namen »Herr«, der aus der göttlichen Gegenwart ein männliches Götzenbild macht, das in der Geschichte statisch geworden ist und damit die Fülle Gottes aufhebt. Deswegen haben viele Frauen unter diesem Gottesbild ihre Erfahrungen nicht mehr wiederfinden können, im Gegenteil: es ist ja dann auch zur Unterdrückung benutzt worden. Nach meiner Ansicht ist die männliche Gottesvorstellung *eine* Erfahrungsweise, die ich legitim finde, aber sie hat ein fast exklusives Monopol erlangt in der Kirchen- und Theologiegeschichte – und das war fatal.

Für mich ist es deshalb heute wichtig, daß wir neue Namen für Gott finden; das heißt dann auch, daß Frauen und Männer die Wirklichkeit Gottes, als das Heiligste, was sie angeht, in der Begegnung benennen und ihre eigenen

Erfahrungen mit den göttlichen Namen in Verbindung bringen können. Nur dadurch ist es möglich, die Tiefe zu finden, die jeder Mensch braucht: eine Verwurzelung und eine Erfahrung von Gottes Gegenwart.

Wie aber kann verhindert werden, daß diese Suche nach Verwurzelung nicht doch auf ein fixiertes Frauenbild, auf die Identifikation mit einer Göttin hinausläuft?

Ich verstehe Gottes Wirklichkeit nicht – im Sinne Feuerbachs – als Widerspiegelung unserer Identität, sondern ich sehe, daß Menschen Erfahrungen machen von großer Authentizität und Wahrheit, von *compassion* – Leidenschaft für das Leben. Die Aufgabe gerade auch feministischer Theologie würde ich nun darin sehen, solche Erfahrungen mit der göttlichen Wirklichkeit in Verbindung zu bringen. In der Erfahrung der Heiligkeit des Lebens, der Nähe Gottes, würde ich die Fragen nach Identität verorten. Der Gedanke der Schwesterlichkeit setzt in diesem Sinne nicht eine feste Frauenidentität voraus, sondern er verweist auf eine Qualität der Beziehungen untereinander, die brüderlich, schwesterlich oder geschwisterlich sein können. Nicht über Selbstdefinitionen, sondern in lebendigen Beziehungen erlange ich Identität.

Wie verträgt sich dieser Gedanke der beziehungsorientierten Gerechtigkeit, die erwächst aus dem Miteinander in einer konkreten Situation, mit der politischen Forderung nach Gleichberechtigung, der sich notwendig an einem festen Maßstab orientieren muß?

Ich möchte die Gleichberechtigung auf keinen Fall abwerten. Sie verweist darauf, daß jeder Mensch, verglichen mit einem anderen, vor den Augen Gottes gleiche Wertigkeit hat und deshalb alle gleichermaßen dazu aufgerufen und fähig sind, einen Beitrag in dieser Welt zu leisten. Die Gottebenbildlichkeit der Menschen, ein alter theologischer Begriff, hat einen ganz neuen Stellenwert für mich erhalten, als ich entdeckt habe, welche ungeheure Aufwertung sich damit für diejenigen verbindet, die nicht auf der Sonnenseite der Geschichte leben. Damit ist ein Maßstab auch für die Beziehungen unter Menschen gesetzt, der sich nicht durch anderslautende hierarchische Setzungen, etwa entsprechend gesellschaftlicher Macht, aufheben läßt.

Frauen wird ja oft die besondere Fähigkeit zur »Beziehungsarbeit« zugeschrieben, Männer hingegen stehen für distanzierte Gerechtigkeit. Sehen Sie da eine weibliche Tradition, auf die Frauen heute zurückgreifen können?

Die Erfahrung und die Sensibilität von Frauen in und für Beziehungen ist ein ganz wichtiges Potential, das wir einbringen in eine neue Praxis und auch in Neuformulierungen von Theologie. Nur meine ich, daß Frauen dann in gewisser Weise stehen bleiben, wenn sie nicht politisch denken, das heißt, sich mit der Vordergründigkeit jener traditionellen Beziehungpflege zufrieden geben und das Beziehungsgeflecht nicht über die persönliche Begegnung hinausdenken. Auch das Verhältnis zwischen Arm und Reich, Nord und Süd muß als Beziehung gedacht und gestaltet werden. In den biblischen Geschichten geht es immer um den ganzen Menschen: daß der Mensch etwas zu essen hat, daß er in gerechten Beziehungen lebt und seinen Mitgeschöpfen nicht den Lebensraum abschneidet.

Ich habe den Eindruck, daß innerhalb der feministischen Bewegung ein Generationenwechsel stattgefunden hat, der sich mit einer Verschiebung von Themen und Zugangsweisen verbindet: Weniger politische Handlungsstrategien als die Analyse der Prozesse, durch die »Geschlechteridentität« hergestellt, oder, wie gern gesagt wird, »konstruiert« wird, stehen im Mittelpunkt. Was halten Sie davon?

Ich denke schon, daß wir solche Fragen auch bedacht und beredet haben. Aber man kommt da an eine Grenze. Zudem glaube ich, daß der analytische Rahmen dann zu eng gesetzt wird, wenn Identität isoliert nur als geschlechtliche diskutiert wird. Wir leben nicht nur in Bezügen der Geschlechterdifferenz, sondern in sehr vielfältigen Beziehungen, die wir gestalten. Wenn diese Diskussionen um Identität unter Absehung dessen geführt werden, daß wir eine Identität immer erst in Begegnungen erhalten, so werden entscheidende Wirklichkeitsbereiche ausgeklammert. Wenn ich niemals mit türkischen Frauen zusammen bin, dann kann ich auch nicht feststellen, welche Identität ich diesen Frauen gebe und sie mir und wie sie sich selbst verstehen. In solchen Gesprächen zeigen sich erst die Differenzen. Es ist daher wohl kaum möglich, diese Frage abstrakt lösen zu wollen; ich muß mich hineinbegeben in die Lebenswirklichkeiten, muß zuhören, muß die Bezüge wahrnehmen, in denen ich selbst mich und in denen sich andere Frauen befinden. Sonst komme ich immer nur zu Scheinidentitäten.

In diesem Zusammenhang finde ich ein Gedicht, das Sie geschrieben haben, sehr erhellend. Und vielleicht ist darin etwas ausgedrückt, was wir Jüngeren in unseren feministischen Diskussionen heute ein wenig vergessen haben:

Die Zukunft Gottes

Wenn alle Gottesbilder
deren das menschliche Herz
je fähig war
im Aufstand
der Scharfsinnigen und Überdrüssigen

gestürzt sein werden
werden wir dennoch
nicht aufhören wollen
vor dem brennenden Dornbusch
der uns bestimmt ist
die Schuhe von den Füßen zu streifen
auf heiligen Boden zu treten
und mutig zu sagen:
Hier bin ich
schicke mich

Dieses Gedicht benennt eigentlich, was wir eben besprochen haben: nämlich das Heraustreten aus gedanklichen Verwicklungen in eine Ebene des ›Sich-Betreffen-Lassens‹ und des Handelns. Und ich denke, da liegt die Antwort zu vielen dieser Denkexperimente; daß wir sie auf der theoretischen Ebene einfach nicht zuendebringen können, sondern nur, indem wir uns selbst einbringen, uns schicken lassen und ein Werkzeug des göttlichen Friedens werden. Das meint doch eigentlich Nachfolge, daß ich mich einmische und meine konkrete Empörung in Handlung umsetzte. Meine Erfahrung ist, daß viele Fragen, wie die nach dem Gottesbild, die theoretisch so unlösbar scheinen, sich dann plötzlich auf einer anderen Ebene beantworten. Ich will keineswegs intellektuelle Bemühungen abwerten; ich will nur sagen, daß es bestimmte Prozesse gibt, bei denen es irgendwann nötig ist, diese andere Ebene einzubringen, um nicht in eine Sackgasse zu geraten. Sich selbst existentiell betreffen zu lassen und einzubringen, dafür steht der Dornbusch. Aus dieser Stimme, wird sie gehört, entstehen Berufungsgeschichten.
Müßte dann die Frage nach der eigenen weiblichen Identität nicht anders gestellt werden, nämlich: Wozu bin ich berufen?
Ja, so würde ich das schon sagen: Woraufhin werde ich losgeschickt? Im konkreten Eingehen auf diese Frage liegt die Antwort verborgen.
Vielen Dank, Frau von Wartenberg-Potter.

Gesine Kleinschmit

(Geb. 1970. Studium der evangelischen Theologie und Germanistik in Göttingen, Zürich und Frankfurt/Main. 1996 Erstes Staatsexamen. Seitdem wiss. Mitarbeiterin am Lehrstuhl für Sozialethik am Fachbereich Ev. Theologie in Frankfurt. Arbeitsschwerpunkte: Geschlechterforschung, feministische Theologie, Identitätspolitik in der Postmoderne.)

Auswahlbibliographie
1986: Wir werden unsere Harfen nicht an die Weiden hängen. Engagement und Spiritualität, Zürich (4. Aufl. 1990). – 1986: (Hg,), Aufrecht und frei. Was Frauen heute in der Bibel entdecken, Offenbach/Main, 1986. – 1987 zusammen mit Luise Schottroff und Dorothee Sölle, Das Kreuz: Baum des Lebens, Stuttgart. – 1989: Die Reise der Pachamama. Eine theologische Erzählung, Stuttgart.